AF358559

SCIENCE ET RELIGION

Études pour le temps présent. — Prix 0 fr. 60 le vol.

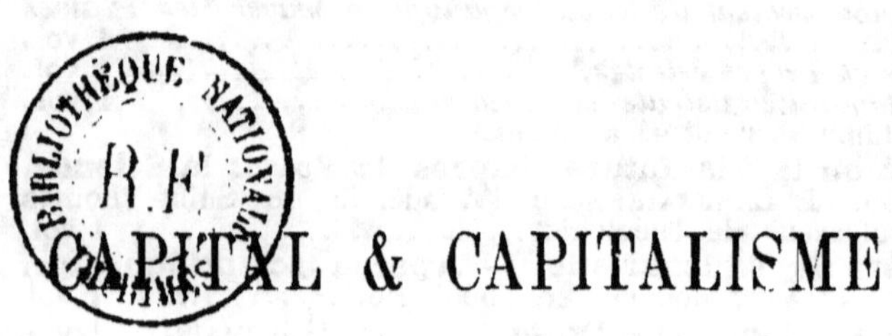

CAPITAL & CAPITALISME

DU MÊME AUTEUR

(Collection Science et Religion)

SCIENCE ET RELIGION
Études pour le temps présent

ÉTUDES DE SOCIOLOGIE

VIII

Capital et Capitalisme

PAR

L. GARRIGUET P. S. S.

Supérieur du grand Séminaire d'Avignon

PARIS

LIBRAIRIE BLOUD & Cie

4, RUE MADAME ET RUE DE RENNES, 59

1904

CAPITAL ET CAPITALISME

CHAPITRE PREMIER

NOTIONS PRÉLIMINAIRES

Capital. Capitaliste. Capitalisme.

I. Ce qu'on entend par Capital. — Le Travail et
les Agents naturels constituent les deux grands facteurs
de la production, cependant le Travail et les Agents
naturels ne suffisent pas toujours. Il faut, de plus,
comme le fait remarquer J. B. Say (1), que l'homme
possède des produits déjà existants, sans lesquels son
industrie, quelque habile qu'on la suppose, demeurera
paralysée et impuissante.

Il a besoin d'*outils ;* le cultivateur ne peut rien
faire sans sa charrue ou sa pioche ; le forgeron sans
son marteau ; le tisserand sans son métier ; l'armateur
sans son navire. — Il a besoin encore des *objets nécessaires à son entretien pendant tout le temps de la production.* Le produit qu'il obtient, ou le prix qu'il en reti-
rera lors de la vente, le remboursera plus tard, il est
vrai, de ces dépenses, mais il est actuellement obligé
d'en faire l'avance. — Il a besoin enfin des *matières
premières* sur lesquelles s'exerce son industrie et qu'il
doit transformer pour en faire des produits. Ces matières brutes lui sont quelquefois fournies par la Nature elle-même, comme le bloc de marbre dont se sert
le statuaire ; mais, la plupart du temps, elles sont des

(1) *Traité d'économie politique,* liv. I, chap. III.

produits déjà créés par l'industrie, comme le fer qu'emploie le serrurier, les fils sur lesquels travaille le tisseur. Ces *matières premières*, ces *objets d'entretien*, ces *outils* ont une valeur, ils constituent ce qu'on appelle un *capital productif*.

Le mot de Capital si fréquemment employé de nos jours, la science économique l'a emprunté, comme bien d'autres expressions, à la langue vulgaire. Il a été et il est encore pris dans des sens très différents.

1° *Etymologiquement*, il vient de *capitale*, terme de la basse latinité, qui a donné naissance à notre expression juridique de *cheptel*, et qui désignait du bétail fourni par un propriétaire à son métayer, en vue du partage du croît et du produit.

2° Dans *la langue courante*, et même dans *la langue du Droit*, le mot *Capital* est employé, tantôt par opposition à *revenus*; ainsi on dit : il dépense tous ses revenus, mais n'entame pas son capital; tantôt par opposition à *intérêts*; c'est dans ce sens qu'il est pris lorsqu'on dit : il paie régulièrement les intérêts; mais ne peut arriver à rembourser le capital.

3° Dans *la langue des affaires*, employé au pluriel, le mot *capital* sert à désigner l'argent monnayé et les richesses mobilières qui, comme les titres de rente sur l'Etat, les actions et les obligations de chemins de fer, peuvent être immédiatement converties en espèces; ainsi on dit : Cet homme possède non seulement de magnifiques domaines, mais encore de gros capitaux.

Ce n'est pas seulement dans la langue des affaires que le mot *Capital* est entendu dans ce sens. Une catégorie spéciale d'économistes, surtout d'économistes allemands, ne le prend pas dans une autre acception. Pour ces économistes, le *capital* est la *valeur* des choses qui concourent à la production, mais la valeur prise séparément des choses mêmes auxquelles elle s'applique, et comme telle pouvant servir de base aux opérations économiques de vente, d'achat, de cession, etc. — Telles seraient les rentes, les actions, les obligations, etc., qui se négocient à ce grand marché de l'argent et des valeurs ayant l'argent pour équivalent, qu'on appelle Bourse.

4° Dans la *langue du Socialisme*, le *Capital* c'est la richesse vorace, jouisseuse et oisive « vivant au dépens

du travail d'autrui, exploitant la misère de l'ouvrier
et s'engraissant de ses sueurs, on pourrait même dire
de son sang ». Il a été constitué par l'injustice, il est le
fruit du vol, il ne sert qu'à l'oppression de la classe laborieuse. — Pour les Socialistes, le Capital n'est pas le
facteur de production des Économistes, c'est *toute richesse qui sert à produire un revenu à son possesseur
indépendamment du travail de ce possesseur.* Le caractère propre du Capital est de produire une rente, de
donner un intérêt à son propriétaire en dehors de tout
travail de celui-ci. C'est pourquoi *Karl Marx, Lassalle*
et les *autres* ne considèrent pas comme capital les
moyens de production, tant que ces moyens demeurent
la propriété de celui qui, par son travail, les fait valoir.
Ils ne constituent un capital proprement dit que lorsqu'ils appartiennent à quelqu'un qui ne les utilise pas
lui-même, mais les utilise seulement par l'intermé-
diaire d'un mercenaire qu'il paie et dont il s'approprie
toute la production. — Ainsi, le métier de famille du
tisseur lyonnais ne forme pas un capital, parce qu'il
est exploité par son propre propriétaire. Il constitue-
rait un capital s'il appartenait à un patron, qui y ferait
travailler le même tisseur pour son compte à lui, patron.

5° Dans la *langue de l'Économie politique,* le mot *Capital* désigne : — si on le prend dans un sens large ;
*tout bien économique susceptible d'être appliqué à la pro-
duction, toute richesse capable de donner un revenu sans
être consommée ;* — si on le prend dans son acception
classique ; *toute valeur, tout produit antérieur mis en
réserve, employé ou destiné à obtenir une nouvelle production* (1). Il résulte de là que, économiquement parlant, tout *capital* est une *richesse*, mais que toute *richesse* n'est pas un *capital.* Il n'y a à être Capital que
les parties de richesse qui servent à produire de nouvelles utilités. Ne sont pas Capital celles qui sont des-
tinées à la *consommation* et même celles qui, comme

---

(1) C'est Adam Smith qui a introduit le mot de *capital* dans
la langue économique et mis en opposition dans les richesses
« la partie dont on espère tirer un revenu et qui s'appelle *capital*, et celle qui fournit immédiatement à la consommation de
son possesseur. » Cf. Adam SMITH : *Recherches sur la nature et
les causes de la richesse des nations,* liv. II, ch. I.

les maisons louées, rapportent un revenu, mais ne contribuent pas à une nouvelle production (1).

Il suit de là encore qu'un même objet peut, suivant l'usage qu'on en fait et l'angle sous lequel on le regarde, constituer ou non un *capital*. L'argent qu'un patron possède dans sa caisse pour payer ses ouvriers est un *capital;* ce même argent, lorsque les ouvriers l'ont perçu et le destinent à payer leur boulanger ou leur boucher, constitue un *fonds de consommation* et non plus un *capital*. Un diamant est un capital pour un vitrier, il ne l'est pas pour une femme qui ne s'en sert que comme de parure.

Il suit de là enfin que le mot *capital* a, dans le langage scientifique, une signification beaucoup plus restreinte et beaucoup plus précise que dans le langage usuel.

Il n'est peut-être pas inutile de faire remarquer que si aucune conception économique, à l'exception de celle de la *valeur*, n'a fait surgir plus de théories que celle du *capital*, on peut cependant ramener ces théories à deux principales, à tendances très opposées : celle des *économistes classiques* et celle des *socialistes*. Ce qui a établi une opposition violente entre ces deux théories, c'est qu'on a voulu en faire des machines de guerre, la première pour légitimer à outrance et la seconde pour décrier sans mesure le rôle du Capital. — Les *Economistes* nous disent en parlant de lui : « voyez quel facteur précieux, puisque sans lui on ne peut presque rien produire. » — Les *Socialistes* nous crient : « regardez quel monstrueux vampire, puisqu'il ne vit qu'en suçant le travail d'autrui. » Les premiérs envisagent dans le Capital surtout ses caractères permanents, naturels, sociologiques ; les seconds, exclusivement ses caractères acquis, relatifs, historiques. Les uns et les autres ont

(1) *Ricardo* sur ce dernier point se sépare de *Smith*. Il considère les maisons louées comme du *Capital*, car pour lui tout cela doit être réputé Capital qui donne du revenu. — Quelques économistes, *Ch. Gide*, entre autres, pour concilier les deux opinions appellent les maisons du nom de capitaux *lucratifs* et désignent les autres capitaux sous le nom de capitaux *productifs*. — Pour *Karl Marx*, n'est réellement capital que l'argent ou l'équivalent d'argent acquis dans un précédent marché Pour *Lassalle*, tout ce qui est susceptible d'être placé et de rapporter doit être considéré comme un vrai capital.

partiellement raison, cependant la définition des Economistes est d'une vérité incontestablement supérieure, parce qu'elle envisage dans le capital les caractères essentiels et nécessaires, tandis que l'autre n'y voit que les caractères contingents et transitoires.

Pour les Collectivistes, le Capital, au sens où l'entendent les Économistes, c'est-à-dire une richesse ayant pour fonction de produire d'autres richesses, n'existe pas. Le vrai, le seul Capital, c'est cette part de la richesse produite par le travail des ouvriers qui, d'abord appropriée par un individu sous le nom de *profit*, est capitalisée par lui et employée à faire travailler d'autres ouvriers pour en tirer de nouveaux profits. Aucune grande fortune ne s'est créée autrement. Le Capital, c'est le produit du travail, mais le produit *du travail d'autrui* (1).

II. Ce qu'on entend par Capitaliste. — 1° D'après *certains Économistes dissidents*, un propriétaire de terres, ou de machines, ou d'autres objets pouvant servir à la production n'est pas un *Capitaliste* à proprement parler. Est seul Capitaliste celui-là qui possède des rentes, des

____

(1) Charles GIDES : *Principes d'Economie politique*, liv. II, 1re partie, chap. III, p. 155.

Dans le capital, — les *Economistes* voient surtout le facteur de production et considèrent principalement son aptitude à produire de nouvelles utilités ; — les *Socialistes* voient en lui, non le facteur de production, mais l'instrument de lucre ; ils considèrent, non son aptitude à produire de nouvelles utilités économiques, mais sa puissance à donner, en dehors de tout travail personnel, des rentes à son propriétaire. Pour *Marx* et *l'école collectiviste*, le Capital se réduit en dernière analyse au *capital-monnaie*, revêtant la forme seulement de valeur métallique et fiduciaire ou de valeurs facilement négociables, comme sont les titres de rente, les créances hypothécaires, les actions de sociétés industrielles et financières. — Pour eux aussi, le Capital, c'est la propriété qui exploite le travail salarié et qui ne peut s'accroître qu'à la condition de créer un nouveau travail salarié afin de l'exploiter encore. Qui dit Capital dit propriété mise en valeur par des salariés produisant des marchandises et rapportant des profits au propriétaire. L'idée de *profit sans travail* est essentiellement liée à l'idée de Capital. — Pour étudier les problèmes que soulève la délicate et brûlante question du Capital, il importe d'avoir toujours bien nette à l'esprit la conception différente que s'en font les *Economistes* et les *Socialistes*. On risquerait de faire des confusions regrettables, étant donné que, par les mêmes mots, ils n'entendent pas les mêmes choses.

actions, des obligations ou d'autres valeurs du même genre qu'il emploie en affaires lucratives de n'importe quelle espèce. Le titre de Capitaliste appartient exclusivement au détenteur du Capital mobile, c'est-à-dire au détenteur de l'argent aux formes multiples et changeantes.

2° D'après les *Économistes classiques*, est Capitaliste quiconque, au lieu de consommer la totalité de son avoir ou de le laisser improductif, en épargne une partie et l'emploie à obtenir de nouveaux produits. Peu importe qu'il l'utilise sous forme de machines, d'usines, de matériel d'exploitation, de bâtiments agricoles, de terres, de matières premières, ou autrement. La seule chose qui soit essentielle, c'est qu'il l'utilise *à obtenir de nouvelles productions*, car ce qui constitue le caractère propre du Capital et du Capitaliste, c'est le fait d'employer des productions anciennes pour donner naissance à de nouvelles productions. Par conséquent, les propriétaires de fermes, de manufactures, de navires et autres objets de même nature, méritent autant et mieux le titre de Capitalistes que les propriétaires d'actions, d'obligations et d'autres valeurs du même genre.

Il importe peu pareillement qu'on fasse fructifier son capital par son propre travail, ou qu'on le fasse fructifier par le travail d'un autre à qui l'on paiera un salaire, ou qu'on le confie à des tiers qui s'en serviront à leur guise et paieront une rente déterminée. Sont Capitalistes aussi bien que les plus grands usiniers et les plus riches commanditaires d'entreprises commerciales ou financières, le petit artisan qui a son métier de famille, l'ouvrier qui possède ses outils et le paysan propriétaire de sa charrue et de ses semences.

3° D'après les *Collectivistes*, le Capitaliste est un homme qui consomme et ne produit pas ; c'est un parasite dans la société. Il vit au dépens de l'ouvrier qu'il vole. Le Capitaliste est celui qui, avec son argent, achète à vil prix, — grâce à la loi immorale de l'offre et de la demande, — le travail du malheureux n'ayant que ses bras pour vivre, et retient pour lui la plus grande partie du bénéfice qui devrait aller, dans son intégrité, à l'ouvrier qui a confectionné le produit. A l'ouvrier il ne donne que le morceau de pain dont ce-

lui-ci a besoin pour vivre et être capable, le lende-
main, de produire encore pour être exploité de nouveau.

La fortune du Capitaliste est le fruit de prélèvements
coupables pratiqués iniquement sur le travail des salariés. Elle n'est employée qu'à opérer d'autres prélèvements tout aussi injustes et tout aussi monstrueux.
Le caractère propre du Capitaliste, ce qui le spécifie,
c'est de tirer, en dehors de tout travail de sa part, des
revenus de richesses injustement accumulées, essentiellement stériles par nature, et par conséquent absolument inaptes à rien produire par elles-mêmes.

4° Dans le *langage courant*, quand on dit Capitaliste,
on entend parler de quelqu'un qui a beaucoup d'argent et fait donner à cet argent des rentes, en le
plaçant dans des opérations, soit de commerce, soit
d'industrie, soit de banque, soit même de bourse.

III. Ce qu'on entend par Capitalisme ou Ré-gime capitaliste. — L'idée qu'on se fait du *Capita-lisme* varie suivant le concept que l'on se forme du Ca-pital lui-même. Sur ce point, comme sur les précédents, on trouve une grande variété de vues. Les opinions les plus contradictoires se sont manifestées, il suffira d'indiquer les principales.

1° Pour les *Économistes classiques* ces expressions de
Capitalisme et de *Régime capitaliste* ne signifient rien et
ne répondent à aucune réalité, à moins qu'on entende
simplement par là un régime économique dans lequel
le Capital joue un rôle beaucoup plus considérable
qu'il ne faisait dans les régimes anciens. Ils admettent
que des transformations graves et même des révolutions profondes ont été opérées dans les procédés de
production. Le régime manufacturier contemporain
avec ses vastes usines, son outillage perfectionné, ses
grandes agglomérations d'ouvriers et son extrême di-
vision du travail, diffère singulièrement du régime corporatif du moyen âge. Mais il est inexact que cette
évolution économique, si considérable soit-elle, ait donné
naissance à un état de choses dans lequel l'ouvrier,
placé dans l'impossibilité absolue de devenir jamais
propriétaire des instruments si coûteux que réclame la
production moderne, est fatalement condamné à être

exploité par le riche qui, maître de la machine et de l'usine, prélève et retient injustement le plus net des fruits du travail du salarié.

Par *Capitalisme* et *Régime capitaliste*, il faut entendre uniquement, — si on veut entendre quelque chose — un régime dans lequel prédomine l'emploi des outils, des machines, des matières premières, des autres moyens de production, en un mot, du Capital. Le Capital prédomine dans les sociétés industrielles modernes, comme a prédominé la Nature dans les sociétés primitives des peuples chasseurs, pêcheurs ou pasteurs; comme a prédominé le Travail dans l'antiquité et le moyen âge.

2° Pour d'*autres Economistes*, par *Capitalisme* et *Régime capitaliste*, il faudrait entendre, non l'emploi prédominant des outils, des machines, des matières premières et des autres moyens de production ; mais le règne de l'argent et des valeurs échangeables en argent, qui peuvent être concentrées en peu de temps en grande quantité dans un lieu déterminé et en certaines mains, et en être, au contraire, retirées par centaines de millions en peu de jours, comme cela se passe lors des grands emprunts d'Etat, ou des appels de capitaux faits par de puissantes sociétés industrielles.

3° Pour les *Collectivistes*, le *Régime capitaliste*, c'est le régime déplorable sous lequel nous vivons ; régime de spoliation, d'abus et d'intolérables injustices. Il est caractérisé : — *a*) par la « séparation radicale du producteur d'avec les moyens de production », pour employer les termes mêmes de *Karl Marx*. L'ouvrier ne travaille pas pour lui et avec son propre capital, mais pour le compte d'un patron quelquefois connu, le plus souvent anonyme. C'est le triomphe de la société impersonnelle et de la grande industrie ; — *b*) par l'impossibilité pour l'ouvrier de jamais devenir propriétaire des instruments de production. On lui donne juste le morceau de pain dont il a besoin pour vivre et faire vivre les siens. Il est donc condamné à demeurer à perpétuité le serviteur de la machine. Son existence s'écoule dans un servage qui, en fait de privations et de misère, n'a pas grand chose à envier à l'esclavage antique ; — *c*) par l'omnipotence, tous les jours plus sensible, du Capital. Il déborde le travail humain et le submerge. Il l'avilit en le forçant à s'offrir à des prix dérisoires. L'emploi de la vapeur et de l'électricité comme forces motrices, l'invention d'instruments de production tous les jours plus nombreux et plus perfectionnés ont révolutionné l'industrie et substitué partout le travail mécanique au travail musculaire. La machine au lieu d'être l'auxiliaire, la servante et la *propriété* de l'ouvrier, comme il le faudrait en attendant l'étatisation de tous les moyens de production, n'est trop souvent pour lui qu'une maîtresse impitoyable et une rivale terrible. Elle lui fait une concurrence qui l'écrase. Elle produit beaucoup et à bon compte. Il n'est pas possible de lutter avec elle, on est fatalement vaincu. Le Capital-argent et le Capital-machine dominent tout, dirigent tout et imposent leurs conditions à tous ; — *d*) par l'exploitation éhontée du salarié. Maître du marché « des bras », comme de tous les autres marchés, et ne rougissant pas d'appliquer à une pareille marchandise la loi odieuse de l'offre et de la demande, le Capitaliste achète à un prix dérisoire le Travail humain, qui est bien obligé de se vendre à n'importe quel prix, car il faut vivre. Au lieu de donner à l'ouvrier le produit intégral de ses sueurs, il s'en approprie la plus grande partie et au début du xxᵉ siècle, comme aux plus tristes jours de Rome, nous voyons tout un peuple de déshérités condamné au travail, aux privations, à la souffrance et à toutes les misères de la vie, pour permettre à un groupe d'oisifs, à une poignée de parasites de jouir dans l'inutilité et la paresse de toutes les satisfactions de l'existence.

Pour les Collectivistes, le Capitalisme est une simple « catégorie historique » qui a apparu à son heure sous l'influence de la loi inéluctable de l'évolution, mais qui disparaîtra en son temps, emportée, à son tour, par la force irrésistible de la même loi, comme ont disparu les divers régimes qui l'ont précédé, esclavage, servage et corporation.

4º Pour l'école sociale des *Réformateurs catholiques*, comme pour l'école collectiviste, le *Capitalisme* ou *Régime capitaliste*, c'est le régime défectueux sous lequel nous vivons et qui a dominé pendant tout le siècle qui vient de finir. Dans ce régime tout est loin d'être inique et intolérable, comme ne cessent de le répéter les Socialistes, il est cependant incontestable qu'il a donné naissance à un grand nombre d'abus, abus qui ont pesé et pèsent encore lourdement sur cette « multitude presqu'infinie de prolétaires, dont la plupart sont réduits à une situation d'infortune et de misère imméritée (1) ».

Ce régime, — issu de l'individualisme économique, de l'oubli des principes chrétiens et d'une réaction exagérée contre les anciennes formes corporatives, beaucoup plus que d'une prétendue marche nécessaire et continue de l'humanité dans les voies de l'évolution, — ce régime, Léon XIII l'a caractérisé et flétri dans les lignes énergiques qui suivent. « Le siècle dernier a détruit sans leur rien substituer les anciennes corporations qui étaient pour les hommes des classes laborieuses une protection. Tout principe et tout sentiment religieux ont disparu des lois et des institutions publiques, et ainsi, peu à peu, les travailleurs isolés et sans défense se sont vus, avec le temps, laissés à la merci de maîtres inhumains et à la cupidité d'une concurrence effrénée. Une usure dévorante est venue encore ajouter au mal. Condamnée à plusieurs reprises par le jugement de l'Église, elle n'a cessé d'être pratiquée sous une autre forme par des hommes avides de gain et d'une insatiable cupidité. A tout cela il faut ajouter le monopole du travail et des effets de commerce devenu le partage d'un petit nombre de riches et d'opulents qui imposent ainsi un joug presque servile à la foule innombrable des prolétaires... La violence des révolutions politiques a divisé le corps social en deux classes et a creusé entre elles un abîme immense. D'une part, la toute-puissance dans l'opulence : une faction qui, maîtresse absolue du commerce et de l'industrie, détourne le cours des richesses et en fait affluer vers elle toutes les sources. De l'autre, la faiblesse dans l'indigence, une multitude, l'âme ulcérée, toujours prête au désordre (2). »

Ce qui distingue ce Régime, qui s'est substitué au régime corporatif, c'est avec l'antagonisme du Capital

(1) Léon XIII : Encyclique, *Rerum novarum.*
(2) Léon XIII : Encyclique, *Rerum novarum.*

et du Travail, — l'omnipotence tous les jours crois-
sante de la haute banque (1) ; — les développements
effrayants que prennent l'agiotage et la spéculation ;
— la pratique de l' « usure vorace » sous les formes
les plus variées ; — l'accaparement de la production
et de la vente, par suite de l'extraordinaire développement qu'ont pris la grande industrie et le grand commerce ; — l'assujettissement de la classe laborieuse au
capital anonyme ; — le luxe effréné de quelques-uns,
la misère profonde du plus grand nombre (2).

La direction de la vie économique n'est plus confiée
aux capitalistes *immédiatement producteurs* qui, par leur
intelligence, par leur travail, par leur persévérance,
par leur contact de tous les jours avec les classes ou-
vrières forment le groupe des *entrepreneurs* (3) ; mais à
la classe des capitalistes *improductifs*, qui s'imposent
aux autres par la toute-puissance despotique que se
sont données la Banque et la Bourse.

Le rôle du Capital s'est considérablement, on pourrait dire, presque totalement modifié avec l'évolution
économique. D'abord modeste instrument du travailleur

(1) La haute banque a pris dans les affaires une place prépon-
dérante, elle y est toute puissante. Le marché financier se
trouve entre les mains d'un groupe de richissimes capitalistes.
Ils peuvent à leur gré produire la hausse ou la baisse sur presque toutes les valeurs, provoquer artificiellement de considérables variations de cours, pratiquer l'accaparement ou l'écrasement du marché, former de redoutables coalitions, ruiner d'un
coup des milliers de familles, compromettre même la fortune et
le crédit d'un peuple. Ils sont, en quelque sorte, les arbitres de
toute grande entreprise. Il est à peu près impossible de se passer de leur concours, on échouera infailliblement si on les a
pour adversaires. Les gouvernements, eux-mêmes, sont obligés
de compter avec eux.
(2) Cf. notre *Introduction à l'étude de la sociologie*, t. I, p. 28.
(3) En Economie politique on donne le nom d'*entrepreneur*
non pas à celui qui se charge de faire exécuter pour une somme
déterminée un travail pour le compte d'un autre, mais à celui
qui est à la tête d'une industrie et préside à la production dont
il est le principal agent. — *Adam Smith* et *l'école anglaise* ne
l'avaient pas distingué du *Capitaliste*. C'est *J. B. Say* et *l'école
française* qui l'ont fait les premiers en s'inspirant de *Quesnay*.
Aujourd'hui, non seulement on ne confond pas *entrepreneur* et
capitaliste, mais on les oppose souvent l'un à l'autre. L'*entrepreneur* a un rôle capital dans la production qu'il dirige, perfec-
tionne et écoule ; le *capitaliste* n'y prend, d'après certaines
écoles, aucune part, il se contente de fournir des fonds et
d'exiger une rente.

manuel, il s'est peu à peu détaché de ses mains. Il a passé dans celles des riches. Autrefois simple moyen de production, il est aujourd'hui fréquemment transformé en moyen de lucre. C'est ce régime social nouveau qui constitue le *Capitalisme* ou *Régime capitaliste.*

Capital et *Capitalisme* ne sont pas choses identiques ; il ne peut pas y avoir de Capitalisme sans Capital, mais le Capital a existé et pourrait exister encore sans le Régime capitaliste et ses abus.

CHAPITRE II

I. Capitaux fixes et capitaux circulants. — 1° On donne le nom de capitaux *fixes* ou de capitaux *engagés*, ou encore de capitaux de *fondation*, à ceux qui survivent à la production à laquelle ils sont appliqués et demeurent aptes à servir à d'autres productions. A cette catégorie appartiennent les outils, les machines, les bâtiments agricoles ou industriels, les fonds de terre : toutes choses qui, à la longue, finissent bien par s'user ou s'épuiser, mais qui ne s'usent et ne s'épuisent que lentement, et qui, après avoir servi à une première production peuvent continuer à servir pour de nombreuses productions ultérieures. Ainsi un menuisier après avoir fait une table avec son banc, sa scie, son marteau et son rabot pourra, avec les mêmes instruments, confectionner plusieurs tables semblables ou des meubles différents.

2° On appelle capitaux *circulants*, ou capitaux *dégagés*, ou encore capitaux d'*exploitation* et *fonds de roulement*, ceux qui sont absorbés dans l'œuvre de production, de telle sorte qu'ils y changent de forme, ou, s'ils n'y changent pas de forme, ils y changent au moins de possesseur. Il y en a donc de deux sortes : — *a*) ceux dont la forme périt et renaît dans le cours des opérations productives, par exemple, le blé qu'on sème, les engrais qu'on enfouit dans le sol, la houille qu'on brûle pour obtenir de la force ou mettre des métaux en fusion ; par exemple encore les matières premières, comme le coton, la laine, qui filés et tissés deviennent étoffes ; — *b)* et ceux dont la forme reste la même, mais dont le possesseur change, comme l'argent monnayé, au moyen duquel on achète les matières premières ou on paie le travail de l'ouvrier (1).

II. Capitaux productifs et capitaux fructificatifs. — 1° Le Capital *productif* est le capital tel qu'il a été précédemment défini, c'est-à-dire toute accumulation d'épargne destinée à la production.

2° Le Capital *fructificatif* n'est pas un capital à proprement parler. Il n'est pas utilisé pour donner naissance à de nouvelles utilités économiques, il est uniquement employé à rapporter de l'argent. A cette catégorie appartiennent les maisons construites, non pour servir d'usine, de manufacture ou de bâtiments d'exploitation, mais pour être louées et donner des revenus. — Aux capitaux *fructificatifs* doivent être assimilés les capitaux *producteurs de simple agrément*, comme sont : les tableaux, les bibelots et une foule d'objets semblables.

III. Capitaux simples et capitaux appropriés. — Cette distinction ne se trouve pas explicitement énoncée dans les ouvrages socialistes, elle ressort cependant clairement des écrits de Karl Marx, et elle est absolument nécessaire pour bien saisir la pensée de cet auteur.

1° Le Capital *simple*, n'est autre chose que les biens économiques utilisés pour la production ; c'est le capital ordinaire des Economistes. Karl Marx reconnaît volontiers que le Capital, en soi, non seulement n'est pas chose mauvaise, mais qu'il est chose absolument nécessaire. Sans lui, aucune industrie un peu considérable

____

(1) Adam Smith s'est servi le premier de ces termes de capitaux *circulants* et de capitaux *fixes* ; mais il les prenait dans un sens un peu différent de celui qui leur a été attribué par les Economistes. Il appelait capitaux *circulants*, ceux qui ne donnent un revenu qu'à la condition de changer de mains, comme le font les marchandises et la monnaie. Il entendait par capitaux *fixes*, ceux qui donnent un revenu sans être échangés et passer en d'autres mains, comme les usines, les machines, etc.

ne saurait exister. C'est pourquoi il lui reconnaît « le droit de se reproduire et même de s'augmenter pour développer les puissances productrices et les conditions matérielles qui, seules, peuvent former la base d'une société nouvelle et supérieure (1) ». Seulement il veut, et toute l'école collectiviste veut avec lui, que ces *valeurs productives* soient la propriété non de particuliers, qui en mésusent; mais de l'État socialiste qui les exploitera avec justice et pour le plus grand bien de tous.

2° Le Capital *approprié* est absolument le même capital que le précédent, mais le même capital *accaparé par des particuliers*, qui le font exploiter et fructifier pour leur compte et le transforment, à peu près toujours, en criminel instrument d'oppression et de dépouillement. Prélevé iniquement sur le travail de l'ouvrier, il ne sert qu'à faire vivre une classe d'oisifs au moyen des sueurs de ceux qui sont obligés de demander à leurs bras le pain de chaque jour. Le Capital *approprié* n'est donc que le Capital qui *fonctionne dans les mains des Capitalistes* (2).

(1) Karl Marx, *Le Capital*, ch. xxiv, p. 259.

(2) On serait parfois tenté de voir des contradictions dans les écrits soit de Karl Marx, soit des autres docteurs du collectivisme. Tantôt, ils flétrissent avec violence le Capital et le proclament l'auteur responsable de tous les maux dont souffre notre malheureuse société; tantôt ils lui reconnaissent des droits et le regardent comme nécessaire. La contradiction est seulement apparente. Elle vient de ce que le même terme, suivant les circonstances, sert à désigner des choses différentes. Ce n'est pas contre le *Capital proprement dit*, mais contre les *Capitalistes*, qu'en ont Lassalle, Marx et les autres. Le livre de Karl Marx devrait s'intituler le *Capitaliste* plutôt que le *Capital*. Toutes les attaques violentes que renferme le si célèbre ouvrage du grand théoricien du collectivisme sont dirigées non contre les biens économiques servant à la production, mais contre ceux qui les détiennent. C'est le *Capitaliste* qui est l'ennemi avec les bénéfices que, sous le nom de *profit* ou d'*intérêts*, il retire de ses capitaux. « Parce que le travail passé des travailleurs A. B. C. etc., figure dans le système capitaliste comme l'actif du non travailleur X, bourgeois et économiste de verser à tout propos des torrents de larmes ou d'éloges sur l'opération de la grâce de ce travail défunt auquel Mac Culloch, le génie écossais, décerne des droits même à un salaire à part, vulgairement nommé profit, intérêt, etc. Ainsi le concours de plus en plus puissant que, sous forme d'outillage, le travail passé apporte au travail vivant est attribué par ces deux sages, non à l'ouvrier qui a fait l'œuvre, mais au capitaliste qui se l'est appropriée. À leur point de vue, l'instrument de travail et son

IV. Capitaux anonymes et non anonymes. —

Autrefois, lorsque l'industrie et le commerce n'avaient pas atteint encore les extraordinaires développements auxquels ils sont arrivés de nos jours, les affaires étaient montées par des particuliers qui y mettaient *leurs* capitaux et les faisaient fructifier sous leur responsabilité personnelle. Tantôt l'affaire était lancée par un seul capitaliste, tantôt plusieurs mettaient leurs ressources en commun et formaient une société à nom collectif, mais une société dont tous les membres étaient connus et se trouvaient personnellement engagés. Ce système n'a pas aujourd'hui complètement disparu, cependant une grande révolution s'est opérée dans la production et à peu près toutes les entreprises un peu vastes se font actuellement par des sociétés en *commandite* et surtout par des sociétés *anonymes* et à responsabilité limitée, dans lesquelles ce sont moins des hommes que des capitaux qui se réunissent. Ces capitaux sont fournis par des bailleurs de fonds qui, la plupart du temps, ne se connaissent nullement entre eux. Ils ne cherchent dans l'affaire qu'un placement d'argent avantageux. En échange des apports qu'ils font, ils reçoivent un titre au porteur, négociable à volonté, qui leur permet de toucher, par le moyen des coupons, la part qui leur revient dans les bénéfices de l'entreprise.

1° Les capitaux *anonymes* sont ceux qui sont fournis de la sorte. Ils ont un caractère essentiellement impersonnel, ils rendent de précieux services, mais ont donné naissance à de nombreux abus : tels sont les capitaux des compagnies de chemin de fer et de la plupart des grandes entreprises modernes industrielles, commerciales ou financières.

2° Les capitaux *non anonymes* sont ceux qui sont jetés dans la production par des particuliers qui fournissent eux-mêmes les fonds de l'entreprise qu'ils dirigent soit par eux-mêmes, soit par des représentants, entreprise dont ils sont reconnus comme les fondateurs et les maîtres.

---

caractère de capital (approprié) — qui lui est inspiré par le milieu social actuel — ne peuvent pas plus se séparer, que le travailleur lui-même, dans la pensée du planteur de la Géorgie ne pouvait se séparer de son caractère d'esclave. » Karl MARX, *Le Capital*, ch. xxiv. p. 200.

V. Objets susceptibles de devenir capital. —
Diverses classifications ont été faites par les Economistes. Elles se ressemblent toutes sur les points essentiels, mais diffèrent par les détails. La question n'ayant
aucune importance pratique, il est inutile de la discuter,
il suffit de rapporter la classification la plus connue,
celle d'Adam Smith, acceptée par ses disciples et
admise par la plus grande partie des Economistes, surtout par les libéraux. D'après Adam Smith sont :
1º *Capitaux fixes* : a) toutes les machines, outils et instruments de métier qui facilitent le travail ; parmi ces
instruments il faut comprendre les animaux domestiques servant à la production ; — b) tous les bâtiments
destinés à un objet utile et qui sont des moyens de revenu pour la personne qui les possède ; tels que les bou-
tiques, les magasins, les ateliers, les bâtiments d'une
ferme avec leurs dépendances nécessaires, étables,
granges, etc. Ces bâtiments sont fort différents des
maisons purement habitables ; ce sont des espèces
d'instruments et on peut les considérer au même point
de vue que ceux-ci ; — c) les améliorations des terres,
comme défrichements, défoncements, plantations, assai-
nissements.

2º *Capitaux circulants* ; — a) Les matériaux et
matières premières, même quand elles ont déjà subi
une ou plusieurs transformations, mais ne sont pas encore parvenues au point ultime de leur utilisation ;
— b) l'argent monnayé ; — c) les marchandises finies,
tant qu'elles ne sont pas parvenues aux mains du consommateur (1).

C'est donc une grande erreur de croire que le Capital
ne consiste que dans la monnaie. L'argent monnayé,
comme nous le verrons plus tard, ne constitue qu'une
très faible partie des capitaux d'une société. Il n'est
même, à proprement parler, capital qu'en tant qu'il est
échangeable contre d'autres objets intéressant de près
la production et y concourant.

(1) Cf. Adam Smith, *Richesse des nations*, t. I, liv. II, ch. I,
p. 340 et suiv.

CHAPITRE III

I. Théorie de Karl Marx et de l'Ecole collectiviste sur l'origine du Capital. — La doctrine de Karl Marx et de l'Ecole collectiviste sur l'origine du Capital peut se ramener aux deux points suivants :

1° Le Capital n'a, à proprement parler, commencé à exister qu'au XVIe siècle ;

2° Il s'est présenté dès le début sous la forme qu'il a gardée et qu'il garde encore, la forme argent.

1° Le Capital n'a commencé, à proprement parler, à existe qu'au XVIe *siècle.* La circulation des marchandises, en effet, est le point de départ du Capital. Il n'apparaît que là où la production marchande et le commerce ont déjà acquis un certain degré de développement (1). Comme on ne commence à trouver un vrai commerce et une sérieuse circulation de marchandises qu'après la découverte du Nouveau-Monde, il s'en suit qu'on ne doit pas faire remonter au-delà de cette époque l'apparition du Capital proprement dit.

Le Capital n'étant qu'une retenue opérée par le possesseur d'argent sur le fruit du travail de malheureux obligés de vendre, pour vivre, leur puissance de production, « il n'existe que là où le détenteur des autres moyens de production et de subsistance rencontre sur le marché le travailleur *libre* qui vient y vendre sa force de travail... La transformation de l'argent en ca-

(1) Cf. KARL MARX, *Le Capital*, ch. IV, p. 60.

pital exige nécessairement que le possesseur d'argent trouve sur le marché le *travailleur libre* et libre à un double point de vue. Premièrement, le travailleur doit être une personne libre, disposant à son gré de sa force de travail comme de sa marchandise à lui ; secondement, il ne doit pas avoir d'autre marchandise à vendre. Il doit être pour ainsi dire libre de tout, complètement dépourvu des choses nécessaires à la réalisation de sa puissance travailleuse(1) ». Or, le travailleur, « le producteur immédiat ne pouvait disposer de sa propre personne tant qu'il était attaché à la glèbe, ou inféodé à une autre personne ou enserré dans les règlements des corporations » (2), il n'était pas libre de faire de sa «force de travail » l'usage qu'il voulait. Le Capital n'a donc pu se développer que tout autant que le régime féodal et le régime corporatif avaient cessé d'exister.

Voici d'ailleurs les paroles mêmes de Karl Marx :

« Le rapport officiel entre le Capitaliste et le salarié est d'un caractère purement mercantile. Si le premier joue le rôle de maître et le second celui de salarié, c'est grâce à un contrat par lequel celui-ci s'est, non seulement mis au service et partant sous la dépendance de celui-là, mais par lequel il a renoncé à tout titre de propriété sur son propre produit. Mais pourquoi le salarié fait-il ce marché ? Parce qu'il ne possède rien que sa force personnelle, le travail à l'état de puissance, tandis que toutes les conditions extérieures requises pour donner corps à cette puissance, la matière et les instruments nécessaires à l'exercice utile du travail, le pouvoir de disposer des subsistances indispensables au maintien de la force ouvrière et de sa conversion en mouvement productif, tout cela se trouve de l'autre côté.

« Au fond du système capitaliste il y a donc la séparation radicale du producteur d'avec les moyens de production. Cette séparation se reproduit sur une échelle progressive dès que le système capitaliste s'est une fois établi ; mais comme celle-là forme la base de celui-ci, il ne s'aurait s'établir sans elle. Pour qu'il vienne au monde, il faut donc que partiellement au moins les moyens de production aient déjà été arrachés sans phrase aux producteurs, qui les employaient à réaliser leur propre travail, et qu'ils se trouvent déjà détenus par des producteurs marchands, qui, eux, les emploient à spéculer sur le travail d'autrui. Le *mouvement historique* qui fait divorcer le travail d'avec ses conditions extérieures, voilà donc le fin mot de l'accumulation appelée *primitive*, parce qu'elle appartient à l'âge préhistorique du monde bourgeois.

(1) KARL. MARX, *Le Capital*, ch. VI, p. 72.
(2) KARL MARX, *Le Capital*, ch. XXVI, p. 315.

« L'ordre économique *capitaliste* est sorti des entrailles de l'ordre économique *féodal*. La dissolution de l'un a dégagé les éléments constitutifs de l'autre.

« Quant au travailleur, au producteur immédiat, pour pouvoir disposer de sa propre personne il lui fallait d'abord cesser d'être attaché à la glèbe ou d'être inféodé à une autre personne ; il ne pouvait non plus devenir libre vendeur de travail, apportant sa marchandise partout où il trouve un marché, sans avoir échappé au régime des corporations, avec leurs maîtrises, leurs jurandes, leurs lois d'apprentissage, etc. Le mouvement historique qui convertit les producteurs en salariés se présente donc comme leur affranchissement du servage et de la hiérarchie industrielle. De l'autre côté, ces affranchis ne deviennent vendeurs d'eux-mêmes qu'après avoir été dépouillés de tous leurs moyens de production et de toutes les garanties d'existence offertes par l'ancien ordre de choses. L'histoire de leur expropriation n'est pas matière à conjecture : elle est écrite dans les annales de l'humanité en lettres de feu et de sang indélébiles.

« Quant aux capitalistes entrepreneurs, ces nouveaux potentats avaient non seulement à déplacer les maîtres des métiers, mais aussi les détenteurs féodaux des sources de la richesse. Leur avènement se présente de ce côté-là comme le résultat d'une lutte victorieuse contre le pouvoir seigneurial avec ses prérogatives révoltantes et le régime corporatif avec les entraves qu'il mettait au libre développement de la production et à la libre exploitation de l'homme par l'homme. Mais les chevaliers d'industrie n'ont remplacé les chevaliers d'épée qu'en exploitant des événements qui n'étaient pas de leur fait. Ils sont arrivés par des moyens aussi vils que ceux dont se servit l'affranchi romain pour devenir le maître de son patron.

« L'ensemble du développement embrassant à la fois la genèse du salarié et celle du capitaliste a pour point de départ la servitude des travailleurs ; le progrès qu'il accomplit consiste à changer la forme de l'asservissement, à amener la métamorphose de l'exploitation féodale en exploitation capitaliste. Pour en faire comprendre la marche, il ne faut pas remonter très haut. Bien que *les premières ébauches de la production* capitaliste aient été faites de bonne heure dans quelques villes du littoral de la Méditerranée, *l'ère capitaliste ne date que du* XVIe *siècle...* (1) ».

2° *Le Capital s'est montré, dès le début, sous la forme argent, qu'il a gardée et qu'il garde encore.* Karl Marx est aussi catégorique sur ce point que sur le précédent. Il écrit en effet : « Si nous faisons abstraction de

(1) KARL MARX, *Le Capital*, ch. XXVI, p. 315. Lire aussi les chapitres XXIX et XXX. Ils complètent la longue citation qui vient d'être faite et permettent de mieux se rendre compte de la pensée parfois très obscure du célèbre théoricien du Collectivisme.

l'échange des valeurs d'usage (1), c'est-à-dire du côté
matériel de la circulation des marchandises, pour ne
considérer que les formes économiques qu'elle engendre, nous trouvons pour dernier résultat, l'argent. Ce
produit final de la circulation *est la première forme d'apparition du Capital* ».

« Lorsqu'on étudie le Capital historiquement, dans
ses origines, on le voit partout se poser en face de la
propriété foncière sous forme d'argent, soit comme fortune monétaire, soit comme capital commercial et capital usuraire. Mais nous n'avons pas besoin de regarder dans le passé, il suffira d'observer ce qui se passe
aujourd'hui même sous nos yeux. Aujourd'hui comme
jadis, chaque capital nouveau entre en scène, c'est-à-
dire sur le marché, marché des produits, marché du
travail, marché de la monnaie, sous forme d'argent,
d'argent qui, par des procédés spéciaux, doit se transformer en capital (2) »,

II. Réfutation de la théorie marxiste et expo-
sition de la vraie théorie sur l'origine du Capital. — 1° *Le Capital n'a pas commencé d'exister au
XVI° siècle seulement, son origine se confond avec les origines mêmes des sociétés humaines.* Karl Marx a commis
une erreur historique en affirmant que le Capital véri-
table n'a fait son apparition dans nos sociétés, qu'à
l'époque où la découverte du Nouveau Monde, en ou-

(1) Karl Marx emprunte à « l'économie politique bour-
geoise » les termes de *valeur d'usage* et de *valeur d'échange*.
Cet emprunt n'est pas très heureux, car l'emploi de ces deux
termes, dont la signification n'a pas été bien définie, a donné
lieu à un très grand nombre de difficultés et de sophismes.

La *valeur d'usage* paraît être, pour Karl Marx comme pour
les Économistes, « la propriété de satisfaire un désir ou de
servir un dessein » ; ce serait donc, au fond, l'*utilité* des nouvelles doctrines économiques ; les avantages qu'un objet a pour
quelqu'un.

La *valeur d'échange* ou *valeur* tout court d'un objet, c'est —
et en cela Karl Marx ne fait que reproduire les doctrines
d'Adam Smith et de Ricardo — l'équivalent du prix des heures
de travail dépensées à la production de cet objet, joint aux prix
de la matière première qui a été nécessaire pour confectionner
cet objet : le montant du travail incorporé et de la matière
première.

(2) Karl Marx, *Le Capital,* ch. IV, p. 61.

vrant au commerce des débouchés jusque-là inconnus, est devenue le point de départ d'une révolution économique.

Le Capital a commencé d'exister le jour où il s'est trouvé un homme qui, au lieu de consommer, — en la dépensant pour ses besoins ou ses plaisirs, — l'intégralité du produit de son travail, en a réservé une partie pour l'employer à obtenir un produit nouveau. Il y eut un premier capital constitué, capital bien rudimentaire si l'on veut, mais pourtant vrai capital, dès l'instant où quelqu'un mit de côté, non pour subvenir à ses nécessités futures, mais pour leur faire donner une récolte, quelques-uns des fruits qu'il avait cueillis ou des grains qu'il avait ramassés. — Il y eut capital encore dès l'instant où un homme fit lui-même ou acheta avec des valeurs économisées des outils pour soulever le sol et travailler le bois, la pierre et les métaux. — Il y eut capital pareillement dès lors qu'un chasseur captura des animaux vivants et, au lieu de les tuer pour se nourrir de leur chair, les apprivoisa et s'en servit pour se procurer un troupeau (1).

Le Capital est donc presqu'aussi ancien sur la terre que l'homme. Il est le résultat de l'épargne. Il s'est formé lentement de la partie des richesses acquises qui n'a pas été consommée. Au début, il a été peu considérable ; son rôle et son importance se sont accrus progressivement (2).

(1) R. Torrens, suivant en cela plusieurs autres économistes, va encore plus loin. Il dit : « Dans la première pierre que le sauvage lance sur le gibier qu'il poursuit ; dans le premier bâton qu'il saisit pour abattre le fruit qu'il ne peut atteindre avec la main, nous voyons l'appropriation d'un article dans le but d'en acquérir un autre et nous découvrons ainsi l'origine du capital. » *An Essay on the Production of Wealth*, etc., p. 79).

(2) J. B. Say soutient que « l'industrie serait toujours restée dans l'inaction sans le secours du capital préexistant ». Cette proposition a été attaquée et avec raison. Elle est vraie dans un sens large, c'est-à-dire, si elle signifie simplement que l'industrie pour se développer et prospérer a eu besoin et a, aujourd'hui plus que jamais, besoin de capital. — Elle est fausse si on la prend dans la rigueur des termes. L'homme à l'origine n'a eu pour produire que la force de ses bras et les ressources de la nature, et cependant il a produit. Le capital est né du travail. La nature et le travail ont été les seules causes primordiales de la richesse ; le capital n'y a joué aucun rôle, il n'est venu qu'après.

Nous disons que le Capital est *presqu'aussi* ancien que l'homme sur la terre, car l'homme primitif n'a eu d'abord que son travail et la nature pour suffire à ses besoins. Il est bien évident, en effet, que le *premier capital* de l'espèce humaine a été formé sans le secours d'aucun autre capital. Il a bien fallu, comme le dit Gide, qu'un jour l'homme, sur cette terre plus déshérité que Robinson dans son île, résolut le difficile problème de produire une richesse sans la ressource d'une richesse préexistante. C'est réduit au seul secours de ses mains que l'homme a dû mettre en branle l'immense roue de l'industrie humaine. Mais une fois mise en mouvement, le plus difficile était fait, et depuis lors sa vitesse s'est sans cesse accrue.

L'erreur des *Collectivistes* sur l'origine du Capital, vient de la fausse conception qu'ils se font du Capital lui-même. Si l'on admettait avec eux, que cela seul doit être réputé Capital, qui sert à produire à quelqu'un des revenus, des rentes, sans aucun travail de la part de ce quelqu'un, il faudrait admettre avec eux pareillement, que pour apparaître, le Capital a eu besoin de trouver certaines conditions économiques et sociales. Il a fallu que la richesse put être prêtée à intérêt ou qu'elle put être employée à faire travailler des gens pauvres obligés de louer leurs services pour vivre. Il faudrait, peut-être même, admettre encore que ces conditions ne se sont pas trouvées partout et toujours également, et qu'elles n'ont vraiment existé en Europe qu'à partir du xvie siècle (1).

Marx et ses disciples confondent ainsi manifestement deux choses qui, comme nous l'avons vu, sont très distinctes l'une de l'autre : le Capital et le Capitalisme.

2° *Le Capital ne s'est pas présenté d'abord sous la forme d'argent, et cette forme, il ne l'a à aucun moment revêtue exclusivement.* Les premiers capitaux de l'homme furent, avec les instruments grossiers qu'il confectionna, les fruits et les grains qu'il recueillit pour les employer à obtenir de nouvelles et plus amples récoltes. Peu à peu il défricha la terre, la cultiva, la contraignit à révéler ses trésors, à améliorer et à multi-

____

(1) Léon XIII, Encyclique : *Rerum novarum.*

plier ses produits. Il réunit dans des étables et rassembla en troupeaux les animaux utiles, il les éleva, en perfectionna la race, les associa à ses propres travaux, les dressa même à les effectuer à sa place. Puis de la terre et de ses troupeaux il tira des matières brutes qu'il transforma en objets de première utilité pour la conservation et pour la commodité de sa vie. Il convertit le lin en toile, la laine en drap, le fer en acier. Il construisit des maisons, les garnit d'ustensiles et multiplia les instruments de travail.

Au début, la richesse employée à la production de nouvelles richesses apparaît exclusivement sous forme de troupeaux, d'instruments de culture, de produits du sol. L'argent, qui depuis a joué un si grand rôle, ne se montre pas encore, non seulement comme Capital productif, mais même à l'état de monnaie, c'est-à-dire comme simple moyen de transaction. — Dans les sociétés patriarcales le bétail, bœuf ou mouton, fut à l'origine le grand, sinon l'unique, moyen d'échange. La plupart des langues indo-européennes, la langue basque elle-même, nous ont transmis le souvenir de cette forme primitive de la monnaie dans le nom qu'elles lui donnent (1).

L'or, l'argent, le cuivre, l'airain n'ont fait leur apparition que lorsque les échanges sont devenus plus considérables et plus nombreux. Il existe des pays, aux mœurs primitives, dans lesquels ils ne sont pas, même actuellement, usités. Le riz a longtemps servi de monnaie au Japon ; la brique de thé en sert toujours dans l'Asie centrale, les cotonnades et le sel dans l'intérieur de l'Afrique équatoriale, les fourrures sur le territoire de la baie d'Hudson. Il est donc inexact de dire que « lorsqu'on étudie le capital historiquement dans ses origines on le voit partout se poser en face de la propriété foncière sous forme d'argent (2) ».

---

(1) C'est ainsi que le mot latin *pecunia* désignait, à l'origine, le bétail, le troupeau. Dans Homère, comme le fait remarquer Gide, on voit que les valeurs, celle des armures de Diogène et de Glaucus par exemple, sont évaluées en « bœufs ». Beaucoup de monnaies anciennes portaient grossièrement gravées la figure d'un animal domestique dont elles étaient censé représenter la valeur, vestige manifeste de ce qui s'était primitivement passé.

(2) Karl Marx, *Le Capital*, ch. iv, p. 61.

La seule chose que l'on puisse admettre, c'est que tout capital, au moins dans les temps modernes, est réductible en argent, appréciable à prix d'argent et destiné à produire de l'argent en produisant des marchandises qui, si on les jette sur le marché, se transformeront en argent. C'est dans ce sens seulement que se trouve vraie la fameuse formule de *K. Marx* : A — M — A ; l'argent se change en marchandise, et la marchandise se retransforme en argent.

Il est tout aussi inexact de dire que l'argent est la forme à peu près exclusive sous laquelle se présente aujourd'hui le Capital. Comme le fait remarquer avec raison **J. B. Say**, ce serait une grande erreur de croire que le Capital de la société ne consiste que dans sa monnaie. Un commerçant et un manufacturier ne possèdent ordinairement, sous la forme de monnaie, que la plus petite partie de la valeur qui compose leur capital ; et même plus leur entreprise est active et plus la portion de capital qu'ils ont en numéraire est petite relativement au reste. Si c'est un commerçant, ses fonds sont en marchandises sur les routes, sur les mers, dans les magasins, répandus partout. Si c'est un fabricant, ils sont principalement sous la forme de matières premières à différents degrés d'avancement ; sous la forme d'outils, d'instruments, de provisions pour les ouvriers. Si c'est un cultivateur, ils sont sous la forme de granges, de bestiaux, de clôtures. Tout le monde évite de garder de l'argent au-delà de ce qui est absolument exigé par les besoins courants. Ce qui est vrai d'un individu, de deux, de trois, de quatre, l'est de la société tout entière (1).

III. Débuts du Capitalisme. — 1° *Le capitalisme lui-même n'est pas d'origine exclusivement moderne. Sous des formes différentes il a existé dès les temps les plus reculés*. Si le Capitaliste est, comme le disent les Marxistes, le « vampire qui suce le sang de l'ouvrier et s'engraisse de ses sueurs, en s'appropriant le plus net de son travail » ; si le Capitalisme consiste essentiellement dans « l'exploitation de l'homme par l'homme,

(1) J. B. SAY, *Traité d'Economie politique*, liv. **I**, chap. I.

de telle sorte que quelques privilégiés vivant dans l'oisiveté s'enrichissent aux dépens des travailleurs et tirent de leurs fonds un revenu sans proportion avec leur travail personnel » ; si c'est là la vraie conception du Capitaliste et du Capitalisme, il faut avouer que Capitaliste et Capitalisme ne sont pas choses d'origine très moderne. Ils ont existé de tout temps. Sous des formes différant des formes actuelles par divers côtés, on les trouve dans l'antiquité, peut-être plus encore que de nos jours. L'histoire ne laisse pas le moindre doute sur ce point. N'existaient-ils pas, en effet, en Egypte, en Assyrie, à Athènes, à Rome, chez presque tous les anciens peuples lorsque des multitudes d'êtres humains ne travaillaient, ne produisaient et ne vivaient que pour des maîtres qui leur donnaient à peine ce dont ils avaient absolument besoin pour sustenter leur misérable existence? L'exploitation de l'homme par l'homme est-elle nulle part aujourd'hui poussée si loin qu'elle l'était alors? Donnait-on mieux, à cette époque, l'intégralité du produit à l'auteur du travail, qu'on ne le fait de nos jours? N'y avait-il pas alors, au moins autant que maintenant, des oisifs heureux retirant de leurs richesses des bénéfices exagérés et cela sans donner eux-mêmes d'autre peine que celle de vivre, de jouir et de dépenser? — Ils se servaient de procédés différents, mais les résultats étaient les mêmes. A défaut d'un commerce déjà étendu et d'une industrie déjà développée, ils avaient d'autres moyens à leur service et le nombre des « exploités » était bien plus considérable dans les sociétés antiques que chez les peuples modernes.

Sous la bienfaisante influence de l'Eglise et grâce au régime économique qui se développa sous son patronage, le moyen âge vit disparaître des pays chrétiens une partie notable des abus, qui avaient marqué les précédents régimes. Malgré cela, on ne peut pas dire, sans sortir de la vérité historique, que, durant cette longue période, il n'exista dans l'Europe occidentale, « à l'exception de quelques villes marchandes du littoral de la Méditerrannée », ni Capital, ni Capitalistes, ni Capitalisme proprement dits, et que ces « maux publics » ne firent leur apparition qu'à la suite des deux grands événements, l'un politique et l'autre écono-

mique, qui marquèrent le commencement des temps
modernes : le complet affranchissement des communes
et la révolution commerciale opérée par la découverte
de nouveaux continents. Même dans le moyen âge, il
est facile de trouver des traces nombreuses de ce Capital dont parlent les socialistes. Pour qu'il en fût autrement, il faudrait que l'homme n'eût été, à aucun
moment, au service salarié de l'homme et que personne n'eût retiré de ses biens rien au delà des fruits
de son propre travail, ce qui est démenti par les
faits.

2° *Si, par son origine, le Capitalisme remonte bien au
delà du XVI* siècle, c'est cependant depuis cette époque surtout qu'il s'est développé en Eu ope*. Pour se développer,
le Capitalisme a eu besoin, comme toute chose, de ren-
contrer certaines conditions favorables, et ces conditions, à partir du XVI* siècle, se sont trouvées réalisées,
en Europe, bien mieux qu'elles ne l'avaient été jusque-là. Celles qui étaient strictement nécessaires à son
existence n'avaient pas manqué absolument jusqu'à ce
moment ; mais si elles lui permettaient d'exister, à la
rigueur, elles ne lui permettaient guère de s'étendre
et d'atteindre des proportions abusives.

Grâce à une sage réglementation, sous le régime
corporatif, «la séparation radicale du producteur d'avec
les moyens de production », ne pouvait que très rare-
ment se manifester. L'ouvrier possédait presque toujours alors les instruments et moyens de production. Il
n'était pas le salarié de son patron, il en était, dans
une certaine mesure au moins, le coopérateur et l'as-
socié. Il trouvait indépendance et sécurité dans l'union
étroite du Capital et du Travail. *Apprentis, compa-
gnons* et *maîtres* avaient les mêmes intérêts et ne formaient qu'une famille. Les statuts de la corporation,
en fixant les droits et les devoirs des uns et des autres,
déterminaient la part qui revenait à chacun dans les
bénéfices communs. L'exploitation était presqu'impossible (1). — Le marché était très restreint, le commerce

____

(1) On ne voyait pas alors comme aujourd'hui s'échafauder
en quelques années des fortunes scandaleusement colossales. Le
maître travaillait comme le compagnon. On employait une vie

demeurait en quelque sorte local, la production était très divisée et se bornait à donner satisfaction aux besoins nationaux, le nombre de bras qui s'offraient sur le marché du travail était extraordinairement réduit. Les circonstances et le milieu se trouvaient donc singulièrement impropres au développement de la spéculation, de l'agiotage, de l'accaparement, de la prédominance de l'argent et de tous les autres méfaits économiques qui accompagnent ou constituent le Capitalisme.

La découverte de l'Amérique et des Indes Orientales a été le point de départ d'une transformation industrielle et d'une révolution commerciale. Des débouchés jusque-là inconnus sont ouverts, des produits nouveaux sont jetés sur le marché, la production se modifie profondément dans ses moyens, elle se développe étonnamment et la vie manufacturière prend, du milieu du XVI° siècle à la fin du XVII°, une intensité qu'elle n'avait pas connue, non seulement au moyen âge, mais même dans l'antiquité.

Le machinisme fait son apparition et cette apparition constitue le point de départ de la séparation du producteur d'avec les moyens de production. L'immense majorité des ouvriers manque des ressources nécessaires pour s'acheter les coûteux outils devenus indispensables. Elle doit se mettre au service du Capital ou renoncer à travailler.

Si le régime corporatif existe encore, il est déjà en complète décadence. Les vieux moules sociaux se brisent, le travailleur cesse d'être suffisamment protégé par des règlements que les pouvoirs publics ne font plus respecter. Plus tard, il est déclaré libre, mais il manque des instruments nécessaires pour travailler. Il ne possède que ses bras, c'est dès lors un *prolétaire* pressé de se louer au Capital pour un salaire trop souvent insuffisant. Pour vivre, il est obligé de s'offrir

entière à s'assurer une modeste aisance. L'acquisition d'une fortune très ordinaire était l'œuvre de plusieurs générations. Dans de pareilles conditions, la prédominance de l'argent ne risquait guère de se produire, au moins au beau temps de la corporation. D'ailleurs, tout compagnon vraiment économe et habile dans son métier pouvait communément prétendre à devenir maître à son tour.

comme une sorte de marchandise, et il devient tribu-
taire de la trop fameuse loi « de l'offre et de la demande ». Ainsi commence la vraie production capitaliste. A mesure qu'elle s'étend, elle amène la con-
centration industrielle, la monopolisation du travail, le
développement du machinisme, l'ouverture de la fa-
brique et de l'usine, la disparition du petit atelier,
l'omnipotence de l'argent, l'écrasement du faible, et
c'est ainsi que peu à peu « la production et le commerce sont devenus le partage de quelques-uns et
qu'un petit nombre d'hommes très riches ont fait pe-
ser un joug presque servile sur la multitude des prolétaires (1). »

IV. Manière dont s'est formé le capital. — *Le
capital s'est formé à l'origine très lentement, il a pris
ensuite un développement de plus en plus rapide.* Il a
commencé bien petitement et ne s'est d'abord développé que très difficilement, à cause des obstacles
nombreux qu'il avait à vaincre et des moyens si faibles
dont il disposait. L'homme, au sortir des mains de son
Créateur, se trouva réduit à ses seules forces. Lorsque,
à la suite du péché, la terre eut été maudite et cessa de
donner spontanément les fruits qu'elle avait jusque-là
produits sans travail, Adam et ses premiers descen-
dants, pour arracher au sol une récolte, n'eurent que
l'industrie de leurs mains et les ressources de leur intelligence.

Une pierre lentement polie contre une autre pierre,
un caillou éclaté au feu furent, pendant longtemps,
les seuls instruments tranchants dont disposa l'homme
primitif. Une arête de poisson lui servit de première
aiguille ; l'écorce des plantes, de premier fil ; les lianes
de la forêt, de première fronde ; une branche d'arbre,
de première massue ; une tige de roseau ou de bambou,
de premier hoyau ; quelques fruits sauvages, de première réserve et de première semence. Que pouvait
être la production avec un pareil outillage ? Elle se bornait à une maigre récolte de la terre et au croît des
troupeaux. Insignifiant donc était le Capital, il ne se

____

(1) Léon XIII. Encyclique : *Rerum novarum.*

développa que tout autant que, grâce à l'activité et à l'ingéniosité humaines, se développèrent en se perfectionnant les moyens de production. Ce développement fut lent, mais progressif. Chaque capital acquis rendit plus aisée l'acquisition du capital suivant. « La facilité de la production croît, comme le fait fort bien remarquer Ch. Gide, suivant une progression géométrique, en raison de la quantité de richesses déjà acquises. Mais on sait que si une progression géométrique arrivée à un certain point s'accroît avec une rapidité vertigineuse, pendant les premiers temps, l'augmentation est des plus lentes. Aussi nos sociétés modernes qui, vivant sur les richesses accumulées de mille générations passées, se font un jeu de multiplier la richesse sous toutes ses formes, ne doivent pas oublier combien lente et pénible a dû être dans les débuts la formation des premières richesses et pendant combien de siècles ont dû se traîner les premières sociétés humaines à travers les âges obscurs de la pierre taillée et de la pierre polie avant de réunir leurs premiers capitaux (1). »

Après être sorti victorieusement de ces difficultés du début, le Capital a, pourrait-on dire, pris son élan, et

---

(1) *Principes d'Economie politique*, liv. II ; chap. iii ; § IV ; p. 153.

La formation du Capital suppose trois choses, mais trois choses seulement : un travail antérieur, une non concommation complète des fruits obtenus par ce travail ; l'emploi de ces fruits non consommés à une nouvelle production. C'est par ce troisième point que le capital proprement dit se distingue de la simple *épargne*.

La formation du Capital dans une société est d'autant plus facile que cette société en possède déjà davantage. Les seconds outils sont moins difficiles à faire que les premiers. Construire un établi de menuisier, par exemple, n'a été qu'un jeu une fois que l'homme a eu à sa disposition une scie, un ciseau et un rabot. A cet égard, il en est d'une société comme de chacun des membres qui la composent. Ce sont les premières économies qui sont les plus difficiles à faire. Là est, pour une société, l'obstacle aux premiers progrès de la civilisation et de la grande vie industrielle.

Dans les sociétés déjà pourvues de Capital, la difficulté à le développer se trouve dans le penchant au plaisir et aux dépenses de luxe, dans l'inclination qui porte les hommes à faire de l'excédent des fruits du travail, non pas des instruments de production, mais des objets de consommation. Cf. J. RAMBAUD : *Eléments d'Economie polit.*, p. 165.

avec le temps sa marche n'a fait que s'accélérer. Il
s'est développé conjointement avec l'industrie et le
commerce. Il en est arrivé à jouer aujourd'hui, dans
le monde, le rôle prépondérant que nous connais-
sons.

CHAPITRE IV

LÉGITIMITÉ DU CAPITAL

I. Etat de la question. — Il ne s'agit pas encore de savoir si le Capital est productif, si l'intérèt est légitime, si le Capitaliste a le droit de tirer un revenu de ses capitaux, soit que par le prêt il les mette à la disposition du Travail, soit qu'il les fasse fructifier lui-même en salariant des ouvriers et en achetant le fruit de leur travail. Ces questions délicates seront discutées plus tard. Pour le moment, il s'agit seulement de savoir *si la propriété privée du Capital est ou n'est pas admissible.* Un particulier, ou une société particulière peuvent-ils régulièrement et équitablement *posséder en propre* des usines, des machines, des exploitations, des fonds de réserve, des bâtiments agricoles, des animaux domestiques, de l'argent, en un mot les divers moyens de production ? Voilà le point en litige.

1° Les *Economistes classiques ou libéraux* ont toujours répondu et répondent encore de la façon la plus affirmative à cette question. Pour eux, nul doute que tout capital, quelque définition qu'on en donne et sous quelque forme qu'il se présente, ne puisse faire très légitimement l'objet d'une appropriation individuelle. Ils admettent le droit de propriété *industrielle* privée, aussi bien que le droit de propriété *foncière.* Ce droit, pour eux, est un droit *naturel, absolu, sans contrôle* et *sans limite.* Ils reconnaissent au propriétaire de capitaux, comme au propriétaire de terres, le droit de faire de ses biens tout ce qu'il veut; de les utiliser ou de les garder sans emploi, d'en exploiter les ressources ou de les laisser improductifs, de les conserver ou de les détruire, en un mot, d'en user en maître souverain, qui ne doit des comptes à personne. Il lui est seulement interdit, pour parler comme le Code civil, « d'en faire un usage prohibé par les lois ou par les règlements ». Pour les Economistes classiques, la propriété n'est qu'une domination physique, dont l'étendue est uniquement délimitée par la volonté du propriétaire.

2° L'*Ecole sociale catholique* admet, au moins autant que l'Ecole libérale, la parfaite légitimité de la propriété individuelle du Capital. Elle ne fait, elle non plus, aucune différence entre le droit de propriété privée du sol et le droit de propriété privée de l'argent, des matières premières et des moyens divers de production. Si une distinction devait être établie, elle le serait en faveur du Capital. Mais cette Ecole, à l'exception peut-être de son extrême droite, se sépare de l'Ecole classique en ce qui concerne l'étendue du droit de propriété privée des capitaux. Elle reconnaît que ce droit est un droit *naturel* et *réel*, mais elle conteste absolument que ce soit un droit *absolu, sans contrôle* et *sans limite*. Il est tempéré par des obligations morales et ne s'exerce légitimement que dans des bornes fixées par la Providence (1).

3° Les *Socialistes agraires*, qui voient dans la *propriété foncière privée* la cause du malaise social et des inégalités criantes dont nous souffrons, refusent de regarder cette forme de propriété comme légitime. Ils en demandent la suppression ; mais ils laissent subsister la propriété *mobilière* et la propriété *industrielle privées*, qu'ils considèrent comme un droit absolu dont l'homme ne saurait être dépouillé.

4° Les *Socialistes d'Etat* se déclarent profondément respectueux de toute propriété. Ils permettent de posséder en propre meubles et immeubles, terres et capitaux. Ils reconnaissent à chacun le droit d'avoir de

____

(1) Cf. notre *Etude sur la propriété privée*, t. II, pp. 15-16-17.

l'argent, des usines, des fabriques, des exploitations agricoles ; mais ils veulent que l'Etat prenne à son compte une partie de l'industrie et réglemente la partie qu'il laisse à l'initiative privée, en intervenant dans les relations du Travail et du Capital. Ils regardent la propriété privée du Capital comme incontestablement légitime ; mais ils la placent sous la tutelle de l'Etat et montrent une tendance dangereuse à faire passer insensiblement cette propriété entre les mains de l'Etat qui deviendrait ainsi peu à peu sinon l'*unique*, au moins le *grand producteur*.

5° Les *Collectivistes* regardent comme absolument illé·gitime *toute propriété privée*, quelle qu'en soit la forme et quel qu'en soit l'objet. Ils ne reconnaissent comme légitime que la *propriété collective* (1). Ils demandent la nationalisation, l'étatisation, comme ils disent, non seulement du sol, mais de tous les instruments de la production. Ils réclament la reprise graduelle de tous les moyens de travail par la collectivité, qui les conservera inaliénables sous sa garde et en sa possession. Terres, usines, outillage, tout doit être concentré entre les mains de l'Etat. Il faut n'importe à quel prix que le Capital *privé* disparaisse et fasse place au Capital *collectif* (2).

---

(1) Admettant que le produit du travail appartient intégralement à celui qui l'a fait, qu'il est sa propriété *personnelle* et *absolue*, les Collectivistes sont amenés à reconnaître à l'ouvrier le droit d'employer la partie de son gain, qu'il ne dépenserait pas pour la satisfaction de ses besoins ou pour ses plaisirs, à acheter non de la terre ou d'autres moyens de production, mais des objets d'agrément ou de consommation, comme tableaux, livres, meubles ou aliments. Ces biens acquis par le travail personnel peuvent être possédés en propre par les particuliers, mais l'Etat, pour empêcher le retour des inégalités sociales, devra veiller à ce que ces biens ne deviennent pas trop considérables.

(2) « Pour guérir le mal, les socialistes soutiennent qu'il faut supprimer la propriété individuelle et lui substituer la communauté des biens, administrée par les municipalités ou par l'Etat. Moyennant le transfert de la propriété individuelle à la communauté, et à une égale répartition entre les citoyens de tous les biens et de tous les profits, ils estiment pouvoir remédier au mal dont souffre aujourd'hui la société. » Léon XIII, Ency. *Rerum novarum*.

II. Raisons apportées par les Collectivistes pour établir l'illégitimité de la propriété individuelle du Capital. — Les Collectivistes apportent deux raisons pour prouver leur thèse. Ils disent : — 1° Que toute propriété privée est contraire au bien public, et que, par conséquent, la propriété individuelle du Capital doit, comme les autres formes de propriété individuelle, être tenue pour *abusive, injuste* et *condamnable.* — 2° Que le Capital est uniquement le produit du vol et que, par conséquent, les autres formes de propriété privée pourraient-elles, à la rigueur, être tolérées et considérées comme légitimes, la propriété individuelle du Capital devrait toujours être regardée comme *opposée à tout droit et à toute justice.*

1° *Toute propriété privée est contraire au bien public,* car, déclarent les Collectivistes par la bouche des Congressistes de Gotha (1), « la situation dépendante, qui a valu aux ouvriers tous les maux de l'esclavage, a été amenée parce que, dans la société moderne, les moyens de production sont devenus le monopole des Capitalistes. Le salut de l'ouvrier exige que les moyens de production deviennent propriété sociale, que la société soit distribuée par corps de métier, que les produits du travail soient utilisés dans l'intérêt de la communauté et distribués aux individus d'après les droits de la justice (2) ».

S'emparant des paroles d'Henri George, qu'ils généralisent, les Collectivistes purs proclament que pour supprimer la pauvreté, pour faire que les salaires soient ce que la justice demande, c'est-à-dire le gain complet du travailleur, il faut absolument substituer la propriété commune à la propriété individuelle, qui est la cause de tous les abus, de toutes les injustices et de toutes les inégalités sociales. Aucun autre remède n'atteindra la racine du mal, aucun autre ne peut donner un sérieux espoir. Celui-là au contraire est simple, mais souverain.

(1) En mai 1875, les socialistes allemands se réunirent en Congrès à Gotha et élaborèrent un programme qui a été accepté en entier par une grande portion du parti socialiste. Marx et les Marxistes purs en combattent quelques articles.

(2) Henry George, *Progress and Poverty,* p. 39.

La propriété privée ouvre la porte à tous les abus et à toutes les iniquités. Elle permet à quelques privilégiés de détenir la totalité de la fortune, de monopoliser les moyens de production, de s'emparer de la plus grande partie des profits, de réduire à volonté les salaires, d'accumuler indéfiniment richesses sur richesses et d'imposer une vraie servitude au prolétariat.

Inégalités sociales, antagonisme des classes, spoliations coupables, accaparements criminels, misère de la multitude, parasitisme rongeur, rien de tout cela n'existerait avec la *propriété collective*. Chacun recevrait le prix intégral de son travail, et, ne travaillant que suivant ses besoins, il serait dans l'impossibilité de capitaliser des bénéfices et de reconstituer jamais une de ces grosses fortunes dont l'existence a causé tous les maux dont souffre la société contemporaine.

2° *Le Capital est le fruit d'une monstrueuse exploitation du Travail et le moyen de poursuivre et d'aggraver indéfiniment cette exploitation.*

Si *Karl Marx* ne va pas, dans son livre, *Le Capital*, jusqu'à dire explicitement avec *Proudhon* que *la propriété c'est le vol* ; il l'insinue d'une façon très nette lorsqu'il développe sa fameuse théorie de la *merweth* ou *Plus-value.*

Le Capital, d'après lui, n'est que le résultat de l'injuste prélèvement opéré par le patron sur le salaire de l'ouvrier. Alors que celui-ci devrait percevoir dans son intégralité le produit du travail qu'il a exécuté, le patron en retient une partie, contrairement à toutes les règles du droit et de l'équité. C'est avec cette partie que s'est constitué partout le Capital.

L'Américain Mallock dans son roman social intitulé : *L'ordre social se transforme*, fait ainsi résumer par un de ses personnages, le socialiste Foreman, la doctrine de l'École collectiviste sur le point qui nous occupe.

« Ouvriers, voyez-vous bien votre misère ? Vous ne possédez rien, absolument rien, sauf *une* chose : cette chose, c'est le pouvoir de vos muscles guidés par l'intelligence de votre cerveau. C'est votre travail que vous donnez et que vous vendez pour vivre au jour le jour. Cessez de travailler et, si ce n'était le Workhouse, vous mourriez.

« Et maintenant détournez les regards de votre position, du

chenil où vous logez, reportez-les là-bas sur ce magnifique palais. Voyez le propriétaire qui en sort, une fleur à la boutonnière, et qui monte en voiture. Considérez-le bien. Voilà un homme qui dort sur un lit de plumes. A chaque heure du jour, si cela lui plaît, il peut manger quelque plat recherché. Il a trente domestiques, dont chacun mange plus à un seul repas, que vous en deux jours. Le plafond d'un seul salon de cet homme coûte plus que vous ne gagnerez dans toute votre vie. Voici une question que je vous pose : Comment vit-il ? Pour se procurer ces innombrables, ces incroyables objets de luxe, lui aussi doit donner ou vendre quelque chose Personne ne les lui donne par bonté d'âme. Je vais vous dire ce qu'il donne ou vend. C'est la même chose, exactement la même chose que vous : c'est le *travail*.

« Le travail ! direz-vous, mais de sa vie il n'a pas travaillé ! Est-ce que ses mains grasses et blanches, ornées de bagues, ont l'air de mains de travailleur ? — Mes amis, vous avez bien raison, cet homme-là n'a jamais mis la main à l'œuvre. Il s'en garde bien ! Et cependant ce qu'il donne en échange de tout son luxe, c'est du travail. C'est tout ce qu'il a à donner ; du travail et du travail comme le vôtre, la force des bras guidée par l'intelligence du cerveau. Mais il diffère de vous sur un point seulement : le travail qu'il donne n'est pas le sien, c'est le vôtre. Oui, le vôtre ! et celui de centaines d'ouvriers comme vous. Et comment se procure-t-il ce travail, cet usage de votre force et de votre intelligence ? Il n'y a qu'une manière dont il puisse se le procurer : *il le vole*. Comment pourrait-il l'avoir autrement ? Etes-vous sa propriété, sa chose ? Quel droit a-t-il à votre travail ?

« Peut-être direz-vous que cet homme vit des revenus de son capital ? Eh bien ! admettons cela, si vous le voulez ainsi. Ce n'est qu'une question de mots. Mais je vous engage à vous servir de mots qui expliquent plus clairement leur sens. Nous allons vous en donner l'exemple. Vous n'aurez aucun doute quant à la signification des mots que nous emploierons. Le Capital, ce Capital dont on parle tant est tout simplement le nom donné par le voleur au travail accumulé ; et les profits ou les intérêts sont les noms par lesquels le voleur désigne *le travail volé*. »

III. Exposé de la grande théorie de la plus-value, imaginée par Karl Marx pour établir que le Capital n'est que le résultat d'injustes prélèvements opérés sur le travail des ouvriers. — Karl Marx développe très longuement dans plusieurs chapitres de son livre (1) cette fameuse théorie à laquelle personne n'avait, paraît-il, songé avant lui et qui laisse très loin derrière elle, s'il faut en croire les socialistes, les plus belles découvertes de Newton lui-

(1) Cf. Karl Marx, *Le Capital*, ch. VII ; VIII ; IX ; XI ; XII ; XVI ; XVII et XVIII.

même. Mais si les développements sont abondants, ils sont loin d'être clairs ; en voici le résumé, si toutefois nous avons bien compris.

Le capitaliste, qui veut faire *produire* son argent, commence par faire choix de l'industrie dans laquelle il désire s'enrichir. Ce choix arrêté, il construit les bâtiments nécessaires et se munit de l'outillage voulu. Il lui reste ensuite à se procurer des matières premières, du charbon pour alimenter ses machines, des bras pour exécuter le travail nécessaire à la transformation des matières premières « en un objet utile, qui ait une valeur échangeable, en un article destiné à la vente, en une *marchandise* en un mot. Il veut que la valeur de cette marchandise surpasse celle des marchandises nécessaires pour la produire, c'est-à-dire la somme de valeur des moyens de production et de la force de travail pour lesquels il a dépensé son cher argent. Il veut produire non seulement une chose utile, mais une valeur, et non seulement une valeur, mais encore une *plus-value* (1). »

Ces matières premières, ces objets de consommation, ces bras ou « force de travail », le Capitaliste les trouve sur le marché, il les achète pour un prix qu'il débat avec ceux qui en sont vendeurs. Ce prix, conformément aux principes fondamentaux qui régissent tout échange, doit constituer l'*équivalent rigoureux* du service ou de l'objet acheté.

Prenons un capitaliste fabricant de cotonnades. Il a usine, métiers et machines qui activent ces métiers. Pour produire des pièces de cotonnade, qu'il vendra ensuite, et retirer de son argent les bénéfices désirés, il se rend sur le marché. Il y achète des filés de coton et la « force de travail » d'un certain nombre d'ouvriers qu'il embauche. Ces ouvriers transformeront les filés en tissus et ces tissus, le capitaliste-fabricant, — d'acheteur qu'il a été jusque-là devenant vendeur — les jette sur le marché et les échangera, soit contre une certaine somme d'argent, soit contre d'autres marchandises d'égale valeur.

« La valeur de la marchandise qui sort de la production est tout juste égale à la somme des valeurs qui y

(1) KARL MARX, Le *Capital*, ch. VII, p. 80.

sont entrées (1). » Par conséquent, le prix de nos cotonnades, quand elles sont terminées et prêtes pour la vente, est l'équivalent du « coût de production ». Dans le coût de production entre l'entretien des bâtiments, l'achat de la matière première, l'usure des broches et des machines, les matières consommées pendant la production et pour la production comme le charbon, le travail de ceux qui ont surveillé et dirigé la production et enfin le travail de l'ouvrier.

Par conséquent encore le travail de l'ouvrier représente dans la valeur du produit manufacturé tout ce

(1) KARL MARX, Le *Capital*, ch. VII, p. 82. — Pour Marx et les socialistes de son école, « la valeur d'une marchandise est déterminée par le quantum de travail matérialisé en elle, par le temps socialement nécessaire à sa production. » (Le *Capital*, p. 80.) — Ils distinguent deux sortes de travail : le travail *actuel, vivant*, et le travail *passé, mort, devenu chose*. — Le travail *actuel, vivant*, est celui que fait l'ouvrier au moment où il transforme une matière première en marchandise, par exemple le travail de l'ouvrier tisseur qui change du filé de coton en cotonnade. — Le travail *passé, mort, devenu chose*, est celui qui est *incorporé, solidifié* dans les instruments de production qui ne sont au fond et en dernière analyse qu'une « cristallisation » de travail antérieur. Les broches du tisseur, que représentent-elles en effet, disent les Marxistes, si ce n'est du travail : le travail de l'ouvrier qui a extrait le minerai, le travail de l'ouvrier qui l'a fondu et coulé, le travail de l'ouvrier qui l'a ensuite changé en tiges d'acier. Il en est de même pour les machines, de même aussi pour tous les autres éléments servant à la production. « La force-travail de l'homme est la force unique qui crée des valeurs et les marchandises ne sont réputées *valeurs* que parce qu'elles contiennent du travail humain. » (*Le Capital*, p. 14.) · Cette thèse est évidemment exagérée. Les objets manufacturés ne sont pas que du travail cristallisé. Il est vrai qu'ils doivent au travail une partie de leur prix. C'est lui qui leur donne dans bien des cas la presque totalité de leur valeur. Mais dans le cas qui vient d'être cité, le minerai dont on a tiré les broches, le charbon à l'aide duquel on a transformé ce minerai en fonte et en acier, ne sont pas des produits du travail. Ils sont spontanément fournis par la nature, qui donne d'elle-même sans l'intervention de l'homme une foule d'éléments qui entrent ensuite dans la composition des objets manufacturés et constituent une partie de leur valeur. Les matières tout à fait premières s'imbibent de travail dans le cours de leurs diverses transformations, mais la plupart ne sont pas le fruit du travail ou au moins du seul travail. Si la théorie marxiste était vraie, il s'ensuivrait qu'un gros diamant qui a été trouvé et taillé sans beaucoup de peine aurait moins de valeur qu'une vulgaire pièce d'horlogerie dont la confection a exigé un travail bien plus considérable; ce qui est évidemment absurde.

qui reste de cette valeur lorsqu'on a prélevé les déboursés faits pour l'achat des matières premières et des matières consommées, les frais proportionnels d'entretien des bâtiments, les dépenses nécessitées par l'usure des broches et des machines, et la rétribution due à ceux qui ont dirigé la fabrication. Le travail dont l'ouvrier a « imbibé » le filé de coton lui appartenant en entier, il aurait donc droit de toucher tout ce qui reste de la valeur du tissu confectionné, après qu'ont été faites les retenues nécessaires pour couvrir les frais qui viennent d'être indiqués.

Mais s'il en était ainsi, le Capitaliste, — représenté en l'espèce par le fabricant de colonnades, — n'aurait aucun bénéfice pour lui et cela ne fait pas son compte. Tout au plus pourrait-il revendiquer quelque chose pour la peine personnelle qu'il se donne afin d'écouler la marchandise. Mais il commence par se tailler la part du lion. Il prélève sur le prix de vente une somme, qui dépasse de beaucoup ce qu'il a déboursé pour la matière première, les matières consommées, l'usure de son outillage, l'entretien de ses bâtiments et le reste.

Cet excédent de prélèvement, il l'opère donc sur la part de l'ouvrier, puisque la marchandise tient de l'ouvrier toute la partie de sa valeur qui ne lui vient pas des matières premières, des matières auxiliaires consommées, de l'usure des instruments de production et du travail de direction qui sont incorporés en elle. A l'ouvrier le capitaliste-fabricant ne paie qu'une partie du travail qu'il a fait, c'est pourquoi l'on peut dire que « toute *plus-value*, — la plus-value, c'est la part de valeur dont bénéficie le Capitaliste — sous quelque forme qu'elle se cristallise, intérêt, rente, profit, n'est que la matérialisation d'une certaine durée de travail non payé. Le mystère du Capital productif se résout à ce fait qu'il dispose d'une certaine quantité de travail qu'il ne paie point (1) ».

Mais comment se produit cette *plus-value ?* Quels en sont la genèse et le processus ? Voici comment Mallock les fait expliquer par son socialiste Foreman.

« Maintenant nous arrivons au grand théorème des économistes révolutionnaires, découverte à peine connue par nos po-

(1) Karl Marx, *Le Capital*, chap. vii, § 2.

litiques bourgeois, mais auprès de laquelle, quant à son importance pratique, celles de Newton, de Darwin, de Watt lui-même, sont insignifiantes. Nous en venons au théorème de Karl Marx sur la nature des bénéfices ou de l'intérêt, ou, pour parler plus clairement, sur l'existence entière des classes élevées. C'est là la vraie dynamite qui fera crouler la civilisation actuelle, cette seule découverte économique. Rappelez-vous que je la présente sous sa forme la plus simple et que j'omets entièrement — pour l'heure — la question, secondaire d'ailleurs — de la propriété foncière.

« Allons, prenons un exemple qui vous soit familier par l'expérience, — un exemple en vaudra un autre — admettons le cas où vous et vos camarades confectionnez un article donné, pour un patron qui vous paie un salaire. Un seul exemple en vaudra mille.

« Prenons, par exemple, un certain nombre de paires de bottes que vous faites pour un grand magasin de chaussures. De quoi vit le marchand ? et comment vit-il dans l'abondance ? Car il est dans l'abondance, comparant sa situation à la vôtre. »

« Il semble tout d'abord facile de donner une réponse : il vit avec la différence entre ce qu'il vous donne pour faire les bottes et ce qu'il gagne à les vendre.

« Oui, mais attendez un peu. Toute cette différence n'est pas volée, et il ne l'emploie pas tout entière pour son compte. Soyons tout à fait juste, et ne concluons pas trop promptement. Le marchand — établissons cela tout de suite — fait aussi un travail pour ces bottes avant qu'elles ne soient finalement vendues. Il les présente au client, il les fait valoir et les place. Cet ouvrage est nécessaire, et doit être rémunéré, quoique l'ouvrage, étant plus facile que le vôtre, devrait être moins payé. Il faut donc sur la différence entre le prix de vente et le prix de revient lui allouer, pour être généreux, un salaire égal au vôtre. Mais faites attention, et voyez ce que cela veut dire. C'est plutôt fait de vendre des bottes que de les confectionner, et il vend — mettons en un jour — ce que vous mettriez six jours à faire. Ainsi, pour employer tout le temps du marchand, il doit employer six ouvriers, chacun desquels lui fournira des bottes pour un jour de la semaine. Donc, puisqu'il a droit à égalité de salaire avec vous, il a droit pour votre travail de six jours à une sixième partie de votre salaire. S'il vous donne, mettons 5 shellings par jour, il a droit à 5 shellings pour lui-même. Ainsi il a droit à 5 shellings pour vendre ce qu'il vous paie 30 shellings pour faire. Vous voyez donc que ce qu'il vous paie 30 shellings de main-d'œuvre, ne peut être vendu au client à moins de 35 shellings.

« Ne peut être vendu pour moins, mais nous devons aller plus loin et dire qu'on ne peut le vendre pour si peu. Considérez que le marchand doit acheter le cuir et louer son magasin. Admettons que le cuir lui coûte autant que votre salaire, 30 shellings par semaine ; que le loyer du jour où il vend votre ouvrage, représente 7 shellings. Voici donc encore un total de 37 shellings que le marchand, s'il veut faire son commerce, doit se faire rendre par l'acheteur. Voici, maintenant, un petit calcul, qui va vous expliquer la position du patron par rapport à vous. Vous recevez 30 shellings de salaire ; le marchand en reçoit 5 pour vendre votre travail ; le cuir lui coûtant 30 shellings et le loyer 7, il doit encore recevoir 37 shellings faisant en tout 72 shellings. C'est le minimum auquel on puisse vendre les bottes, et si on les vendait exactement à ce prix le patron ne gagnerait pas plus que vous. Il vivrait comme vous vivez, dans une seule chambre sordide, ne mangeant de la viande que deux fois par semaine. Mais vit-il comme cela, en réalité ? Non pas, et vous le savez bien assez. Vous savez où est sa confortable villa, ornée d'une serre, entourée d'un beau jardin, et tous les jours vous voyez les beefsteaks et les côtelettes succulentes qu'on lui sert dans son arrière-boutique. Nous touchons donc à la question pratique — pour vous ; pour vous, l'homme qui avez cousu ces bottes, vous, par la sueur et la fatigue duquel ce cuir s'est transformé en bottes. Comment votre patron vit-il ainsi ? Comment vit-il tellement mieux que vous ? D'où sort-il l'argent qui lui permet cette vie heureuse ? Voyons cela. Jetons les yeux sur ses livres de comptes, ils nous donneront quelque lumière à ce sujet, j'imagine.

« Ses livres de comptes nous apprennent qu'il obtient ses revenus en vendant les bottes non pour 72 shellings, mais pour 160 shellings. Rappelez-vous ceci : *il ne trouve à vendre les bottes à ce prix que parce qu'elles le valent.* Si elles ne le valaient pas, on ne le lui donnerait pas. La concurrence d'autres cordonniers le forcerait bientôt à baisser ses prix. Prenez en masse les marchands de ce pays, le prix moyen demandé par eux pour leurs marchandises, et que le public leur donne en échange de ces mêmes marchandises, en représente vraiment la valeur. Nos bottes ne sont qu'un exemple à l'appui.

« Comment donc ces bottes en sont-elles arrivées à avoir cette valeur ? Quelle est, dans leur production et leur prix de revient, l'*item* que nous avons négligé ? La boutique est louée 7 shellings, le cuir coûte 30 shellings, les gages du marchand 5 shellings, les vôtres 30 shellings : faisant en tout 72 shellings, et cependant le résultat total est de 160 shellings. Il y a 88 shellings dont nous ne pouvons nous rendre compte. Peut-être a-t-il acheté le cuir au-dessous du prix ou obtenu son magasin à un loyer inférieur ? Croyez-vous cela ? Les propriétaires louent-ils leurs magasins au-dessous du prix courant ? Les marchands de cuirs donnent-ils pour 30 shellings ce qui vaut 118 shellings ? Vous ne croyez pas cela un instant. Soyez sûrs que votre patron paie sa boutique et son cuir ce qu'ils valent. Réfléchissez, ne commencez-vous pas à comprendre ? Ne pensez-vous pas qu'il reste une chose qui n'a pas été payée si honnêtement ? Oui, cette chose existe et c'est — votre travail.

« Vous y êtes. Voilà d'où viennent ces 88 shellings. Votre travail auquel pour être juste il faut ajouter celui de votre patron, vaut non pas 30 ou 35 shellings, mais bien 123 shellings. De cette somme, il a droit à un sixième : c'est 20 shellings 1/2. Donnez-les lui et vous en avez fini avec lui, et qu'est-ce qui vous reste ? 5 livres 2 shellings 1/2 : voilà la part qui vous revient justement, et non 30 shellings. Ainsi votre patron, chaque fois qu'il paie votre salaire le diminue de toute la différence qu'il y a entre ces deux sommes ; c'est-à-dire, il vous vole 3 livres 12 shellings 1/2. *Il vous les vole, les empoche et appelle cela ses bénéfices.*

Tournez et retournez cette pensée dans votre esprit. Pensez-y à loisir. Pensez-y à l'atelier. Pensez-y quand vous n'avez pas un sou dans votre poche, quand votre femme et vos petits enfants ont faim. Pensez-y surtout lorsqu'on paie vos gages. *Chaque fois que le patron vous donne 30 shellings, souvenez-vous que vous lui avez donné un billet de 125 fr., et qu'il empoche 3 livres 10 shellings de la monnaie qu'il vous rend* (1). »

IV. Réfutation des théories collectivistes concernant l'illégitimité de la propriété individuelle du Capital.

1° *Il est faux que la propriété privée, n'importe sous quelle forme, soit un vrai mal public.* Pourvu qu'elle demeure dans les limites fixées par la Providence, elle est au contraire éminemment propre à favoriser le bien général et à assurer, autrement que la propriété collective, la paix entre les hommes. Le droit de posséder en propre soit une partie du sol, soit des biens d'une autre nature, l'homme le tient de Dieu même et personne ne saurait le lui légitimement ravir. Il lui est nécessaire pour qu'il puisse donner satisfaction à certaines aspirations profondément enracinées dans son cœur, subvenir à des besoins dont il ne saurait s'affranchir et posséder un stimulant réellement efficace au travail et à l'économie. La propriété privée a pour elle la pratique de tous les siècles, l'agrément de la presqu'universalité du genre humain, l'autorité des lois humaines et divines. Aucune utopie ne saurait donc prévaloir contre elle (2).

Quant aux abus de la propriété privée, sur lesquels les Collectivistes insistent avec tant de complaisance, ils sont loin d'être aussi nombreux et aussi graves qu'on le dit. Mais seraient-ils aussi considérables et aussi criants qu'on le prétend, que s'ensuivrait-il ? Il s'ensuivrait seulement que l'on doit s'appliquer à les supprimer, et non pas qu'il faille condamner irrévocablement l'institution sous le couvert de laquelle ils se sont introduits. On laisserait subsister bien peu de choses, si on voulait détruire tout ce qui peut prêter à des inconvénients même notables. Ici, comme ailleurs,

(1) Mallock, *L'ordre social se transforme*, pp. 37 et suiv.
(2) Cf. notre *Étude sur la Propriété privée*, ch. ii et iii, pp. 11 à 54.

les abus ne sont pas inséparables de l'usage. On peut conserver celui-ci et supprimer ceux-là.

2° *Il est également faux que tout capital soit « la matérialisation d'une certaine durée de travail non payé » et par conséquent le fruit du vol.*

1) C'est évidemment faux lorsque le Capital n'est que le résultat des économies réalisées par quelqu'un sur le produit de *son propre travail*. Beaucoup de petits propriétaires, beaucoup d'ouvriers même, au lieu de consommer la totalité du produit de leur travail, en réservent une partie qu'ils emploient ensuite à obtenir des produits nouveaux en la faisant fructifier. Cette partie ainsi réservée constitue un vrai Capital dans le sens économique du mot et pourtant en quoi est-elle la matérialisation d'une certaine durée de travail non payé ? Où se trouve le vol ? A qui font tort ces travailleurs en s'abstenant de dépenser pour leurs besoins ou pour leurs plaisirs l'intégralité de leur gain ? Ce Capital ainsi ramassé est bien à eux, puisqu'il est le fruit de leur travail et que, d'après les doctrines collectivistes, si toute autre propriété est illégitime, celle de l'homme sur son travail ne saurait être contestée. — C'est du travail *personnel* qu'est né à peu près tout Capital. A l'origine des plus grandes fortunes on trouve comme point de départ les modestes économies d'un homme laborieux et sage, qui a épargné ce qu'il aurait pu dépenser. Ce n'est qu'après s'être amassées de la sorte que ces économies ont fait boule de neige et se sont développées soit en prenant à leur service le travail d'autrui, soit en prêtant à ce travail un concours rémunéré.

2) C'est faux encore, même quand le Capital *n'est pas le fruit exclusif du travail personnel*, c'est-à-dire quand il s'agit du capital entendu dans le sens des collectivistes, et l'on n'a pas le droit de dire que « toute *plus-value*, sous quelque forme qu'elle se cristallise, intérêt, rente, profit, n'est que la matérialisation d'une certaine durée de travail non payée (1) ». La thèse marxiste repose sur les principes suivants considérés comme incontestables par l'Ecole collectiviste entière : Toute

(1) KARL MARX, *Le Capital*, p. 83.

marchandise n'est payée par l'acheteur au Capitaliste-industriel que juste ce qu'elle vaut (1) et « sa valeur est rigoureusement égale à la somme des valeurs qui y sont entrées (2) ». Par conséquent, si chacun des éléments qui ont coopéré à la production de cette marchandise reçoit, comme la justice le demande, l'*équivalent exact* de ce qu'il a mis de sien, de ce qu'il a incorporé de sien en elle, il n'y a pas place pour le plus petit bénéfice, pour le Capitaliste (3). Pourtant il réalise des bénéfices et parfois d'énormes. Il s'approprie donc, en partie sinon en totalité, ce qui devrait aller à un facteur de la production autre que lui, et le seul facteur qui puisse ainsi être spolié, c'est l'*ouvrier*. Les autres ne se laissent pas faire. Lui est obligé de subir toutes les injustices ; il n'est payé que d'une partie de son travail, le reste lui est indignement volé par son patron qui devient riche de ce qui fait sa misère. On le fait travailler pendant dix ou douze heures par jour. Durant ces dix ou douze heures il incorpore à la marchandise qu'il produit une valeur que l'acheteur paie au patron, par exemple, 10 francs ; or, sur ces 10 francs, qui lui appartiennent bien, l'ouvrier touche un salaire de famine de 3 fr. 50, ou de 4 francs tout au plus. Le patron met le reste dans sa poche, et les 6 francs ainsi volés constituent ce qu'il appelle son légitime bénéfice.

Voilà ce que disent les Collectivistes, ils présentent les choses d'une manière spécieuse, mais leurs arguments sont loin d'être concluants. Leurs principes sont vrais, tout au plus en apparence.

a) Ainsi *dans la vente des marchandises on ne tient pas seulement compte*, comme le prétend Marx, *de leur valeur d'échange, on tient compte aussi, et l'on pourrait dire surtout, de leur valeur d'usage*. La vente pour être

(1) « Toute vente n'est au fond qu'un échange et tout échange est de sa nature un contrat qui se fait de valeur pour valeur égale. » KARL MARX, *Le Capital*, p. 67.

(2) KARL MARX, *Le Capital*, p. 82.

(3) « Là où il y a égalité il n'y a pas de lucre. Des marchandises peuvent bien être vendues à des prix qui s'écartent de leurs valeurs, mais cet écart apparaît comme une infraction aux lois de l'échange. Dans sa forme normale, l'échange des marchandises est un échange d'équivalents et ne peut être un moyen de bénéficier ». KARL MARX, *Le Capital*, p. 67.

équitable demande bien qu'il y ait une réelle équiva-
lence entre ce que chacun des contractants donne et ce
qu'il reçoit ; mais l'objet n'a pas la même valeur pour
tout le monde. Il a plus ou moins de valeur suivant
qu'il offre plus ou moins d'avantages et permet de satisfaire des besoins plus ou moins nombreux, ou plus ou
moins considérables. L'acheteur considère moins « la
quantité de travail cristallisé » dans une marchandise
que l'*utilité* que cette marchandise offre pour lui. « Il
est faux, dit Condillac, que dans les échanges on donne
valeur égale pour valeur égale. Au contraire, chacun des
contractants en donne toujours une moindre pour une
plus grande. En effet, si on échangeait toujours valeur
égale pour valeur égale, il n'y aurait de gain à faire pour
aucun des contractants. Or, tous les deux en font ou en
devraient faire. Pourquoi ? C'est que les choses n'ayant
qu'une *valeur relative à nos besoins*, ce qui est plus pour
l'un, est moins pour l'autre et réciproquement... (1) ».
L'échange peut donc devenir par lui-même une source
légitime de *plus-value*, c'est-à-dire de bénéfice. « Le
commerce, dit P. Newmann avec un grand nombre
d'autres économistes, ajoute de la valeur aux produits,
car ces derniers ont plus de valeur dans les mains du
consommateur que dans celles du producteur ; on doit
donc le considérer rigoureusement (*strictly*) comme un
acte de production (2). »

(1) Condillac, *Le commerce et le gouvernement*, p. 267.
Le vrai fondement de la valeur, c'est le *désir*. Une chose vaut
d'autant plus qu'on la désire davantage et on la désire plus ou
moins suivant qu'elle est en quantité plus ou moins insuffisante
pour les besoins. Elle est plus ou moins insuffisante pour les
besoins suivant qu'elle est plus ou moins difficile à multiplier.
Sur cette question si délicate il y a deux théories contraires en
présence, l'une fait reposer la valeur exclusivement sur l'*utilité*,
c'est-à-dire sur l'aptitude propre à certaines choses de satisfaire
plus ou moins bien à nos besoins. L'autre fait reposer la valeur
uniquement sur le *travail de l'homme*, de telle sorte qu'une chose
vaut plus ou moins suivant qu'elle a coûté un travail plus ou
moins considérable. Cette dernière théorie exposée pour la première fois par Ad. Smith, fortement développée par Ricardo, a
rallié des économistes appartenant aux écoles les plus opposées,
depuis les optimistes comme Bastiat jusqu'aux socialistes comme
Marx. Au premier abord elle paraît plus scientifique et plus con-
forme à l'idée de la justice, mais à la réflexion on ne tarde pas
à s'apercevoir qu'elle prête à d'insolubles objections.
(2) P. Newmann, *Éléments of polit. écon.*, p. 85.

b) **Ainsi encore** *si la valeur intrinsèque d'un produit manufacturé est de fait « rigoureusement égale à la somme des valeurs qui y sont entrées », il n'en est pas de même de sa valeur marchande.* Celle-ci doit être supérieure. On ne peut pas sérieusement demander à un industriel de céder ses produits au prix même de revient, sous prétexte que de fait ils ne valent pas davantage. Personne n'accusera cet industriel de violer les règles de la justice et de méconnaître les lois qui doivent présider aux échanges s'il les écoule à des prix un peu plus élevés. Les *cours*, généralement établis par l'accord des acheteurs et des vendeurs intéressés, dépassent toujours « la somme stricte des valeurs entrées dans les produits ». C'est une preuve qu'il y a une distinction admise par tous, entre la valeur *intrinsèque* et la valeur *marchande*, entre le *prix de revient* et le *prix courant* ou la *cote* d'un objet.

Dans la valeur marchande, on est obligé de faire entrer au moins l'équivalent des risques courus par l'industriel. Avant d'être vendue, une partie de ses produits peut se détériorer ou subir des dépréciations ; il y a tant de surprises dans les affaires et de si déconcertants revirements sur le marché ! Il faut en tenir compte dans l'estimation des marchandises, et l'on ne saurait trouver mauvais, qu'en prévision de ces pertes possibles, l'industriel élève, pour se couvrir en quelque sorte à l'avance contre de pareils accidents, le prix de ses produits au-dessus de leur valeur intrinsèque. La chose est si naturelle que l'acheteur, lui-même, ne songe pas à en contester la légitimité. Il demande seulement que le vendeur demeure dans des limites raisonnables. La concurrence se charge d'ailleurs de rendre impossibles les exagérations de prix.

c) **Ainsi enfin** *il n'est nullement démontré que le Capitaliste s'approprie, en partie sinon en totalité, ce qui devrait aller à un facteur de la production autre que lui et que le seul facteur qui puisse de la sorte être spolié, soit l'ouvrier, les autres ne se laissant pas faire.* — Le Capitaliste n'est pas toujours un simple bailleur de fonds. Dans bien des cas, il surveille lui-même son exploitation ou son usine, il la dirige, il a un rôle considérable, prépondérant même, dans son fonctionnement régulier. Le succès final de l'entreprise, dont il est pour ainsi dire l'âme, dépend en très grande partie de lui. C'est lui encore qui s'occupe de l'écoulement du produit, qui cherche les débouchés les plus avantageux, qui prépare et passe les marchés, qui assure, en un mot, par son activité et son savoir faire la prospérité de son industrie. Son travail, pour être purement intellectuel, est autrement fécond que le travail musculaire de ses ouvriers. Il a donc droit à une part de bénéfice proportionnée non aux *heures de travail* fait par lui, mais au *service* rendu par son expérience, son activité et son savoir-faire. S'il en était autrement, il ne devrait pas être plus payé que le dernier de ses manœuvres, ce qui est évidemment absurde. C'est moins la *durée* du travail que la *qualité* du travail et la *part prise* au résultat final qui est à considérer dans la distribution des profits.

Les Collectivistes, qu'ils soient marxistes ou dissidents, refusent en pratique d'admettre cette distinction fondamentale. Pour eux, ce que l'on doit rétribuer, c'est non pas l'*opus*, mais le *labor* ; de telle sorte que le travail d'un balayeur de rues, qui a fait tout ce qu'il pouvait faire, mérite une rémunération égale au travail d'un James Watt ou d'un Pasteur. La justice, au contraire, demande qu'on rétribue chacun suivant le *service rendu* et non suivant la *peine prise*. On ne saurait donc équitablement, dans beaucoup de cas, comparer le travail intellectuel du patron au travail musculaire de ses ouvriers, les rétribuer à peu près également, comme le demande le Foreman de Mallock, et prétendre que tout bénéfice de l'industriel est le fruit d'une injuste retenue opérée sur le salaire de son personnel.

Le Capital serait-il le fruit d'une injuste retenue opérée sur ce qui revient à un des facteurs de la production, *les Collectivistes affirment, mais ne prouvent pas que ce facteur lésé est nécessairement l'ouvrier.* Mallock fait dire aux ouvriers par son déclamateur socialiste. «....Il y a 88 shellings dont nous ne pouvons nous rendre compte. Peut-être notre marchand de bottes, prétendra-t-on, a-t-il acheté le cuir au-dessous du prix ou obtenu son magasin à un loyer inférieur ? Croyez-vous cela ? Les propriétaires louent-ils leurs magasins au-dessous du prix courant ? Les marchands de cuir donnent-ils pour 30 shellings ce qui vaut 118 shellings ? Vous ne croyez pas cela un instant. Soyez sûrs que votre patron paie sa boutique et son cuir ce qu'ils valent. Réfléchissez, ne commencez-vous pas à comprendre ? Ne pensez-vous pas qu'il reste une chose qui n'a pas été payée si honnêtement ? Oui, cette chose existe et c'est....votre travail. »

Mais ne peut-on pas répondre : « Est-ce que les ouvriers louent leurs bras au-dessous du prix courant ? Est-ce qu'ils donnent pour 30 shellings ce qui vaut 118 shellings ? Soyez sûrs qu'ils font payer leur peine et leur travail ce qu'ils valent. Organisés puissamment, comme ils le sont aujourd'hui presque partout, ils ne laissent ni léser leurs droits, ni violer leurs intérêts. Si une injustice est commise, qu'est-ce qui prouve qu'elle le soit plus à leur préjudice qu'à celui du marchand de cuir ou du propriétaire de la boutique ? »

Rien, donc dans la grande découverte de Karl Marx concernant la *Merweth* ou *plus-value*, ne justifie le bruit qu'elle a fait et l'enthousiasme qu'elle a soulevé dans le monde socialiste. Elle ne démontre nullement que tout profit soit un vol fait au travail, est que le Capital n'étant que du profit accumulé se trouve ainsi vicié dans sa source (1).

3° *Tant qu'ils n'auront pas prouvé qu'un homme, qui a épargné sur le produit de son travail une certaine valeur, n'est pas le légitime propriétaire de cette valeur, les Collectivistes n'auront rien démontré contre la légitimité du Capital en général.* Et cette preuve, ils sont incapables de la faire. Ils savent bien qu'il y a des hommes qui ne se sont pas enrichis autrement que par leur propre travail, et sur quels principes s'appuieront-ils

____

(1) « Le raisonnement de Karl Marx met la charrue avant les bœufs. Le Capital ne sort pas du profit ; c'est au contraire le profit qui sort du Capital. Par conséquent, fut-il même démontré que l'emploi d'ouvriers salariés est une forme de l'esclavage et le profit qui en résulte un vol, cette démonstration laisserait intacte la question de la légitimité de la propriété du Capital. » Ch. GIDE, *Principes d'Economie politique,* p. 496.

pour contester à ces hommes laborieux et économes la propriété de capitaux ainsi acquis, eux qui proclament si haut que le fruit du travail est une chose sacrée et qu'il doit intégralement revenir au travailleur? Que l'origine d'un certain nombre de capitaux ait été le vol et l'exploitation, c'est possible ; mais que tout capital ne puisse, par définition même, avoir d'autre origine que le travail d'autrui indûment approprié, voilà l'erreur.

Le propriétaire d'un capital légitimement acquis a-t-il le droit de l'employer à faire travailler des ouvriers et de tirer un bénéfice de ce travail exécuté par autrui ? C'est la question si délicate et si discutée que nous aborderons dans une étude ultérieure sur la *Production et le Profit*.

Tout en affirmant que le *droit de propriété privée sur le Capital* est un droit absolument incontestable, nous ne prétendons pas que toutes les fortunes ont une origine inattaquable, et encore moins entendons-nous défendre les abus du Régime capitaliste. Ces abus ne sont ni aussi nombreux, ni aussi criants, ni aussi inséparablement liés au Régime lui-même, que veulent bien le dire les Socialistes. Ceux-ci ont singulièrement noirci le tableau ; mais il faut avouer que le sujet y prêtait et qu'ils ont eu la partie belle. Les abus ont été fréquents et graves. Trop souvent, le pauvre a été exploité par le riche, le faible par le fort, le Travail par le Capital, surtout par le Capital anonyme. Parmi les grosses fortunes qui se sont édifiées au siècle dernier, plus d'une repose sur la spoliation, l'usure et l'injustice. Sous le Régime de la toute puissance de l'argent, les droits de l'ouvrier ont été maintes fois méconnus et ses intérêts lésés. « Les travailleurs isolés et sans défense se sont vus laissés à la merci de maîtres intéressés et à la cupidité d'une concurrence effrénée. Une usure dévorante est venue encore ajouter au mal. Condamnée à plusieurs reprises par le jugement de l'Eglise, elle n'a cessé d'être pratiquée sous une autre forme par des hommes avides de gain et d'une insatiable cupidité. A tout cela, il faut ajouter le monopole des effets de commerce et du travail, monopole devenu le partage d'un petit nombre de riches et d'opulents qui imposent ainsi un joug presque servile à la foule, presque innombrable, des prolétaires (1). » — Il importe donc de ne pas confondre Capital et Capitalisme. Le premier ne mérite pas les justes critiques que l'on peut formuler contre le second. Le Capitalisme n'est qu'une perversion du Capital.

(1) Léon XIII, Eucyclique, *Rerum novarum*.

CHAPITRE V

CAPITAL ET TRAVAIL

I. Union désirable du Capital et du Travail. —
Le Capital et le Travail ne sont pas, comme on le ré-
pète trop souvent, des ennemis-nés, opposés nécessairement d'intérêts et destinés à vivre perpétuellement
dans un état de lutte implacable. Ils sont au contraire
appelés à se prêter un mutuel concours, ils ont besoin
l'un de l'autre, et ce n'est qu'en s'unissant qu'ils peuvent être réellement féconds. « Une erreur capitale,
disait avec sa haute autorité Léon XIII dans son encyclique *Rerum novarum*, c'est de considérer les relations
réciproques entre les riches et les malheureux travailleurs, comme s'il y avait naturellement, entre les
uns et les autres, une inimitié irréconciliable, qui les
porte à la guerre. C'est le contraire qui est vrai. La
Nature a partout semé l'unité et l'harmonie réciproque.
De même que dans le corps humain, malgré la diver-
sité des organes, vous trouvez dans les relations réciproques unité et équilibre ; de même aussi la Nature a
voulu que, dans le corps social, les deux classes en
question vivent en bonne intelligence et conservent un
certain équilibre. L'une a absolument besoin de l'autre.
Le Capital ne saurait pas plus se passer du Travail,
que le Travail du Capital. L'unité est partout la condition essentielle de la beauté et de l'ordre. Au contraire, sa destruction engendre la dépravation et le désordre. »

Travail et Capital, dans l'intérêt de tous, doivent

donc s'efforcer de vivre en bonne intelligence. Ils ne le peuvent qu'à la condition d'observer, avec le soin le plus scrupuleux, le respect de leurs droits réciproques. Malheureusement, ces droits ne sont pas toujours bien définis et toujours faciles à préciser. Si les principes généraux sont, en cette matière comme en beaucoup d'autres, assez aisés à formuler, leur application dans les cas concrets est loin d'être commode ; de là des difficultés sans cesse renaissantes et des antagonismes souverainement préjudiciables à l'ordre, à la paix et à la prospérité.

Nous ne nous proposons, ni de montrer ici qu'il y a des moyens capables de remédier à un état de choses si regrettable, ni d'étudier quels sont ces moyens. Nous voulons simplement indiquer, avant de terminer cette *Étude*, quelles sont les *manières d'être possibles* du Capital par rapport au Travail, dans cette association qui a la production pour terme.

II. Rapports de dépendance entre le Capital et le Travail. — On peut concevoir le Capital dans trois situations différentes par rapport au Travail. On peut le concevoir :

1° Comme *salariant* le Travail ;

2° Comme *salarié* par le Travail ;

3° Comme *ni salariant, ni salarié* ; mais mis en œuvre par son propriétaire lui-même.

1° *Le Capital salariant le Travail.* C'est ce qui se passe aujourd'hui, à peu près partout, avec le régime en vigueur de la grande industrie. Un patron prend à son service un certain nombre d'ouvriers ; il leur paie un salaire déterminé à l'avance et devient ainsi propriétaire du fruit de leur travail. Il peut en disposer à sa guise, c'est sa chose, il n'en doit compte qu'à Dieu. Tel est le cas du fabricant, qui occupe dans son usine un personnel plus ou moins considérable de travailleurs ; du propriétaire rural, qui se sert de domestiques pour l'exploitation de ses terres ; du négociant qui, pour écouler ses marchandises, a des employés à ses gages ; de tous ceux, en un mot, qui font fructifier leurs capitaux en achetant la « force de travail » d'autrui.

2° *Le Capital salarié par le Travail.* Le fait existe,

mais il est plus rare. Il a lieu lorsqu'une personne — physique ou morale — voulant appliquer son travail à une entreprise, et manquant des fonds nécessaires pour la commencer et la mener à bonne fin, emprunte à un capitaliste les sommes dont il a besoin, soit pour acheter les matières premières, soit pour se procurer l'outillage voulu, soit pour faire face aux autres frais nécessités par la production. Pour ces sommes, ou bien il paie au prêteur un intérêt annuel fixe, ou bien il lui donne un pour cent déterminé sur les profits de l'entreprise. Ce n'est plus le Capital louant le Travail, mais le Travail prenant le Capital à son service. Les produits obtenus appartiennent au travailleur, et tous les bénéfices, restant après le paiement de la rente, sont pour lui. C'est le cas du petit marchand, du petit agriculteur, du petit industriel, de tout ouvrier autonome, travaillant lui-même, mais travaillant avec des capitaux qui lui ont été prêtés, et que, moyennant rétribution, il a, pour ainsi dire, pris à son service. — C'est pareillement le cas d'un syndicat ouvrier, se chargeant lui-même d'une entreprise et faisant appel à des bailleurs de fonds pour lui avancer les sommes dont il a besoin. Il y a des exemples de ces entreprises collectives. Ils ne sont pas encore très nombreux, mais tout permet de supposer qu'ils se multiplieront, et que les ouvriers, après s'être associés pour défendre leurs intérêts, s'associeront pour marcher à la conquête du métier, arriver à la production syndicale et supprimer, en bien des choses, les intermédiaires et les patrons. La nature et la loi leur en confèrent le droit.

Il y a des cas où le Capital est à la fois *salarié* et *salariant* ; c'est lorsqu'il est prêté à un homme ou à une société, moyennant intérêt, et que cet homme ou cette société l'emploient à faire travailler des ouvriers. Le prêteur n'est pas actionnaire, il n'a pas part aux dividendes ; il est seulement prêteur et prêteur touchant un intérêt toujours le même quel que soit le succès ou l'insuccès de l'entreprise. Ce sont les emprunteurs qui encaissent les bénéfices ou supportent les pertes.

3° *Le Capital ni salarié, ni salariant ; mais mis en œuvre par son propriétaire lui-même.* Le capitaliste, alors, est en même temps travailleur. Il fait person-

nellement valoir son bien et fructifier ses économies.
Par son propre labeur, il fait produire son champ,
aller son métier, marcher son commerce. Il opère lui-
même et avec des capitaux qui lui appartiennent. Il
n'a rien emprunté à personne et n'emploie personne à
travailler pour lui. Dans cette catégorie, encore nom-
breuse, mais composée exclusivement de petites gens,
il faut ranger une foule de petits propriétaires, de petits industriels, de petits commerçants, de tout petits
fabricants, opérant sur une échelle très peu étendue et
de plus en plus écrasés par la grande exploitation et
la grande industrie.

Cette classe est très intéressante, mais, sauf peut-
être en agriculture, elle est destinée à disparaître
prochainement. L'avenir appartient aux gros capitaux et aux vastes entreprises. Il faut, pour lutter
aujourd'hui sans trop de désavantage contre la concurrence effrénée que se font les hommes et les
peuples, un outillage perfectionné et coûteux, un
personnel nombreux, des avances colossales, en un
mot, des mises de fonds énormes qui supposent l'association des capitaux. Une révolution s'est, dans ces
derniers siècles, produite dans le monde de la production. La petite industrie n'est pas capable de faire face
aux exigences modernes, elle n'est pas suffisamment
armée pour la lutte, elle ira perdant fatalement du ter-
rain tous les jours, et il est à craindre qu'il vienne un
moment où elle disparaîtra presque complètement, au
grand désavantage de tous.

**III. Ce que devraient être ces rapports de dé-
pendance d'après les vœux de la Nature.** — Il
semble qu'il y a quelque chose d'anormal et même
d'antinaturel dans le fait du Travail mis au service du
Capital ; c'est l'homme, en quelque manière, assujetti
à l'argent. On ne peut cependant pas espérer que la
situation actuelle se modifiera de sitôt. Elle se prolongera probablement et se prolongera longtemps avec ses
avantages, mais aussi avec ses inconvénients. Rien
n'annonce une transformation prochaine. Pourtant des
esprits habituellement clairvoyants sont convaincus
que nous nous orientons vers un ordre de choses nouveau. Les ouvriers s'organisent et se groupent. Jus-

qu'ici, leurs efforts ont presque exclusivement tendu à obtenir ou des augmentations de salaire ou des diminutions d'heures de travail. Tôt ou tard, ils s'associeront pour devenir entrepreneurs eux-mêmes, et se substituer aux patrons, donnant ainsi raison à Stuart-Mill qui écrivait : « L'état de salarié ne sera, un jour, plus que celui des ouvriers, que leur abaissement moral rendra indignes de l'indépendance, et les rapports actuels de patron à ouvrier seront remplacés par l'association sous une des deux formes suivantes : association temporaire, de l'ouvrier avec l'entrepreneur ; dans d'autres cas — et à la fin dans tous les cas — association des travailleurs entre eux pour produire pour leur compte (1) ».

Alors un grand progrès aura été réalisé, car il est infiniment plus rationnel que ce soit le Travail qui asservisse le Capital, que le Capital le Travail. Mais d'ici là que de luttes, et peut-être que de ruines ! Et même après la transformation rêvée, ce ne sera pas encore le règne de l'équité parfaite et de la paix absolue. Pour que les règles de la stricte justice fussent, en toutes choses, scrupuleusement gardées, il faudrait que la nature humaine ne demeurât pas ce qu'elle est. Partout où il y aura des hommes, il y aura des abus, et, grâce à la rivalité des intérêts, longtemps après aujourd'hui, on verra la force trop souvent opprimer la faiblesse et la richesse trop souvent exploiter la misère.

IV. Abus du Capital et moyens d'y obvier au moins partiellement. — Le Régime capitaliste, sous lequel nous vivons, n'est pas un régime idéal. Il a, nous l'avons maintes fois reconnu dans le cours de cette Etude, donné naissance à bien d'iniques exploitations, et ses excès ont singulièrement facilité la tâche des Socialistes. Les abus, qu'il a permis ou favorisés, l'ont rendu odieux aux yeux de beaucoup et l'ont fait condamner comme esentiellement mauvais par un grand nombre. Et pourtant ce sont moins les régimes que les hommes qui sont mauvais. Les hommes ont encore plus besoin que le régime d'être changés. S'ils étaient

(1) *Principes d'Economie politique*, t. II, p. 320.

bons et justes, s'ils avaient la crainte de Dieu et le respect des droits de leurs semblables, la question sociale
serait en très grande partie résolue et l'on n'aurait pas
besoin de recourir à un bouleversement total de l'ordre
actuel des choses. Il s'améliorerait comme de lui-
même. Les remèdes moraux ne suffisent pas pour
guérir le mal profond dont souffre notre époque ; mais
ils sont nécessaires, et sans eux on ne saurait arriver
à des résultats sérieux et durables.

Il peut être utile de signaler les méfaits du Capitalisme et de les flétrir ; mais il serait bien plus utile encore, — au lieu de semer la haine entre les classes,
d'aigrir les rapports, d'éveiller d'insatiables appétits,
de donner naissance à d'irréalisables espérances, —
d'amener chacun à remplir son devoir et à s'interdire
sévèrement de porter la moindre atteinte aux droits
d'autrui. Alors, malgré tout ce qu'il peut avoir de défectueux, le Régime actuel serait débarrassé de la plus
grande partie de ses abus et se trouverait à peu près
acceptable pour tous. Il n'y a pas d'institution si mauvaise dont on ne puisse tirer parti, comme aussi il n'y
en a pas de si excellente qu'on ne puisse pervertir.

C'est l'oubli des principes chrétiens chez les patrons,
qui a été cause des injustices et des exactions dont se
plaint la classe ouvrière ; c'est l'oubli des mêmes principes chez les travailleurs, qui les a conduits aux soulèvements et aux violences dont s'effraie la société. Si
les employeurs et les employés écoutaient mieux les
enseignements de l'Evangile, s'ils s'en inspiraient
davantage dans leurs rapports, il n'y aurait ni exploitations, ni haines, ni rivalités irréductibles. Ce ne serait
pas certainement le bonheur parfait — il n'est pas de ce
monde — mais ce serait la paix et l'union dans la justice.

Ce n'est donc pas tant une révolution économique
qu'il faut chercher et un bouleversement de l'ordre
social présent qu'il faut poursuivre, qu'une restauration, dans le cœur des patrons et des ouvriers, de l'esprit de Notre-Seigneur et des doctrines toutes de paix,
de dévouement, d'union et de charité qu'il est venu
apporter sur la terre. « C'est, en effet, d'une abondante
effusion de charité qu'il faut attendre le salut. Nous
parlons de la charité chrétienne, qui résume tout

l'Evangile et qui, toujours prête à se dévouer au soulagement du prochain, est un antidote très assuré contre l'arrogance du siècle et l'amour immodéré de soi-même : vertu dont l'apôtre saint Paul a décrit les offices et les traits divins dans ces paroles : *Caritas patiens est, benigna est ; non quærit quæ sua sunt ; omnia suffert ; omnia sustinet* (1). »

(1) Léon XIII, Encyclique, *Rerum novarum*.

FIN

TABLE DES MATIÈRES

Saint-Amand (Cher). — Imprimerie Bussière.